ARKANA

D1917528

Buch

Viele Leser, die die *Gespräche mit Gott* gelesen haben und sich von ihnen inspiriert und angesprochen fühlen, haben den Wunsch, sich tiefer mit der Botschaft auseinander zu setzen, mit der Weisheit des Buches vertrauter zu werden und sich in ihrem täglichen Leben nach ihr auszurichten. In vielen Hunderten von Briefen fragten sie Neale Donald Walsch, ob nicht ein Buch entstehen könnte, das sie durch diesen Prozess leiten könnte.

Aus dieser Situation ist das Arbeitsbuch entstanden. Es ist für diejenigen gedacht, die nicht nur lesen und verstehen wollen, sondern auch die Fragebogen beantworten, sich auf seine Übungen und Aufgaben einlassen und bereit sind zu den Experimenten, mit denen sie in ihrem Alltag neue Erfahrungen ihrer Unabhängigkeit und Freiheit, der Fülle und ihrer Nähe zu Gott machen können. Mit diesem außergewöhnlichen Buch lädt Neale Donald Walsch ein, eine Welt zur Erscheinung zu bringen, in der mehr und mehr Menschen die Gelegenheit haben, Gottes Gegenwart zu erfahren und die unbegrenzten Möglichkeiten des Lebens auf diesem Planeten zu erkennen.

Autor

Neale Donald Walsch hat gemeinsam mit seiner Frau Nancy in der Abgeschiedenheit der Wälder von Oregon eine Stätte der Selbstbesinnung gegründet. Er gibt Workshops und hält zahlreiche Vorträge, um seine Einsichten und Botschaften einem möglichst großen Publikum vorzustellen.

Bei Goldmann ist bisher von Neale Donald Walsch erschienen:

Gespräche mit Gott, Band 1 (HC 30734)
Gespräche mit Gott, Band 2 (HC 33612)
Gespräche mit Gott, Band 3 (HC 33627)
Freundschaft mit Gott (HC 33632)
Gemeinschaft mit Gott (HC 33647)
Neue Offenbarungen (HC 33695)
Beziehungen. Wegweisungen für den Alltag (HC 33629)
Rechtes Leben und Fülle. Wegweisungen für den Alltag (HC 33630)
Ganzheitlich leben. Wegweisungen für den Alltag (HC 33629)

NEALE DONALD WALSCH

GESPRÄCHE MIT GOTT

ARBEITSBUCH ZU BAND 1

Aus dem Amerikanischen
von Susanne Kahn-Ackermann

ARKANA
GOLDMANN

Die amerikanische Originalausgabe erschien 1997 unter dem Titel »Conversations With God Book 1 Guidebook« bei Hampton Roads Publishing Co. Inc., Charlottesville, VA, USA

Umwelthinweis:
Alle bedruckten Materialien dieses Taschenbuches
sind chlorfrei und umweltschonend.
Das Papier enthält Recycling-Anteile.

Vollständige Taschenbuchausgabe Juni 2000

Published by arrangement with Hampton Roads Publishing Co. Inc.
Umschlaggestaltung: Design Team München
Umschlagabbildung: Louis Jones
Satz: Martin Strohkendl, München
Druck: Elsnerdruck, Berlin
Verlagsnummer: 21559
Redaktion: Annette Gillich
WL · Herstellung: Stefan Hansen
Made in Germany
ISBN 3-442-21559-5

3. Auflage

Den Tausenden
Lesern und Leserinnen von
Gespräche mit Gott
überall auf der Welt,
die sich der tiefsten Erforschung
der Grundgedanken in diesem
Dokument verschrieben haben.
Ihr Mut und Ihre Bereitschaft,
Ihr Leben und Ihre Erfahrungen
zu überprüfen und zu erweitern,
sind eine Inspiration für mich.
Sie sind wahre Wahrheitssuchende,
die sich nie mit der Oberfläche
der Dinge zufrieden geben,
sondern mehr – immer mehr – wählen
und so für sich ein Leben erschaffen,
das uns alle bereichert, uns allen
Segen spendet.

Inhalt

Kapitel 3

Kapitel 4

Kapitel 5

Kapitel 6

Kapitel 7

Kapitel 8

Kapitel 9

Danksagung

Für die Gesamtheit meines Lebens und alles Gute, Anständige, Schöpferische oder Wundervolle, das ich vielleicht damit gemacht habe, danke ich meinem liebsten Freund und engsten Gefährten, Gott.

Noch nie zuvor habe ich eine so wunderbare Freundschaft erfahren, und ich möchte keine Gelegenheit auslassen, meiner Dankbarkeit dafür Ausdruck zu geben. Ich hoffe, eines Tages jedermann bis ins winzigste Detail erläutern zu können, wie man eine solche Freundschaft entwickelt und nutzt. Denn Gott möchte vor allem genutzt werden, und das ist es auch, was wir wollen. Wir wollen eine »Freundschaft mit Gott«, eine, die funktioniert und nützlich ist.

Als Nächstes möchte ich meinen Verlegern danken. Ich bin nur wenigen Menschen begegnet, die über den Mut und die Integrität verfügen, die ich in Robert S. Friedman, dem Verleger der Hampton Roads Publishing Company, fand; dem Mann, der als erster *Gespräche mit Gott* der Öffentlichkeit zugänglich machte und dabei ein ungeheures Risiko einging; desgleichen Susan Peterson, Generaldirektorin von Viking, Penguin und Riverhead Books und Vizepräsidentin von Penguin-Putnam, Inc., die ein ebenso großes Risiko einging, indem sie *Gespräche mit Gott* in einer Hardcoverausgabe herausbrachte und so für dessen weltweiten Vertrieb sorgte.

Ich bin ganz sicher, dass es keine netteren, aufrichtigeren und sensibleren Menschen im Verlagsgewerbe gibt, und ich betrachte es als höchste Ehre, sie kennen gelernt zu haben. Bob und Susan, ich kann euch nie genug danken.

Wir alle wissen, wie wunderbar es ist, eine Person an unserer Seite zu haben, die uns nicht nur ständig und unfehlbar Unterstützung zukommen lässt, sondern uns auch in unseren schlimmsten Augenblicken inspiriert. Die uns in den Zeiten größter Herausforderung und Verwirrung Weisheit und praktischen Rat schenkt und uns mit geduldiger, bedingungsloser Liebe auch dann zur Seite steht, wenn wir uns selbst nicht lieben können. Natürlich kommt es nur selten vor, dass wir eine so außergewöhnliche Person finden – es sei denn, wir haben Gott an unserer Seite. In meinem Fall schickte mir Gott einen großen Schatz und benannte ihn Nancy Fleming. Sie ist meine Geliebte, meine Freundin, meine Partnerin und meine Ehefrau. Und ich bin ihr über die Maßen dankbar für alle Geschenke, die sie mir machte.

Unsere Teammitglieder bei ReCreation haben das Unmögliche möglich gemacht, und nur weil sie alles andere übernahmen, konnte ich dieses Arbeitsbuch zusammenstellen. Mein tiefer Dank gilt Dr. William Colson, Una Colson, Richard Crawford, Rita Curtis, Patty Hammet, Tracy Hedgecock, Tricia Matthews, Scott McGuire, Will Richardson, Don St. John, Cherree Weeks und Rose Wolenbarger.

Schließlich möchte ich mich bei Don Stewart aus Klamath, Kalifornien, bedanken, der *Gespräche mit Gott* so spannend fand, dass er zu einem unserer Retreats kam und danach Band 1 Satz für Satz noch einmal durchlas, um mir bei der Zusammenstellung der Zusatzfragen am Ende eines jeden Kapitels in diesem Arbeitsbuch zu helfen. Die meisten dieser Fragen wurden von Don ersonnen, ich habe nur ein paar hinzugefügt. Wenn also diese Fragen zuweilen ein bisschen hart sein sollten, dann müssen Sie ihm dafür danken, dass er sich als gemeiner Kerl vor die Klasse stellte, der Sie so lange nicht entlässt, bis Sie »alles verstanden« haben.

All diesen sensationellen Wesen spreche ich in aller Bescheidenheit meinen Dank und meine Wertschätzung aus.

Einleitung

Im Mai 1995 ereignete sich etwas Außerordentliches; etwas, das das Leben Tausender von Menschen veränderte und künftig das Leben weiterer Tausender verändern wird. Ja, letztlich wird es sich auf Millionen von Menschen auswirken.

Im Mai 1995 brachte die in Charlottesville, Virginia, ansässige Hampton Roads Publishing Company ein kleines, weißes Buch heraus, das zwölf Worte auf dem Cover, 76 468 Worte in seinem Inneren und einen einfachen, eleganten Gedanken als Kernbotschaft aufwies.

LIEBE IST ALLES, WAS ES GIBT

Ich kann in aller Bescheidenheit sagen, dass nun klar ist, dass es sich bei *Gespräche mit Gott – Band 1* um ein ganz besonderes Dokument handelt. Zwar findet sich in diesem Buch nur sehr wenig Neues, aber die Art, wie etwas sehr Altes vermittelt wurde, ist neu. Denn in *Gespräche mit Gott* hat die Gottheit zu jedermann gesprochen, in jedermanns eigener Sprache. Und das hat schließlich diese uralte und doch aktuelle Weisheit dem normalen Sterblichen, ja vielleicht dem größten Publikum, das es je gab, zugänglich gemacht.

Binnen weniger Monate nach Erscheinen dieses bemerkenswerten Dokuments (dem ersten Band einer Trilogie) begannen Leserinnen und Leser spontan zwanglose Studien- oder Arbeitsgruppen zu bilden. Irgendwie fanden sie zueinander und fingen an, in kleinen Gruppen über den Inhalt dieses Buches nachzudenken. Sie tauchten immer tiefer in das Material ein, und je tiefer sie tauchten, desto tiefer verstanden sie seine Bedeutung. Doch sie wünschten sich noch mehr. Sie wünschten sich nicht nur ein Verständnis, sondern auch eine Erfahrung dieser Bedeutung. Das heißt, sie wünschten sich, dass die Wahrheiten in *Gespräche mit Gott* im Alltagsleben für sie *praktisch anwendbar* wurden.

Dieses Arbeitsbuch gibt Ihnen die Möglichkeit dazu. Wir werden eine Reise zu jenem Ort unternehmen, den aufzusuchen wir durch Band 1 von *Gespräche mit Gott* bewegt werden. Dies ist ein wunderbarer Ort voller Frieden und Freude, voller Verständnis und Liebe. Es ist ein Ort, wo sehr viel mehr möglich ist, als wir uns je erträumt oder vorgestellt haben. Es ist der Ort in unserem Geist, wo die Weisheit wohnt, der Ort in unserem Herzen, wo die Liebe residiert, der Ort in unserer Seele, wo wir endlich zu Hause sind.

Viele Menschen gelangten durch ein einmaliges Lesen von GMG an diesen Ort. Doch der Trick ist, an diesem Ort zu bleiben, ihn nie zu verlassen. Und im Bemühen, das zu erreichen, haben diese Menschen GMG immer und immer wieder gelesen. Und das war keine schlechte Idee. Ja, im Buch selbst wird dieser Vorschlag gemacht.

Doch jetzt ist es an der Zeit, noch einen Schritt weiter zu gehen. Es ist an der Zeit, nicht nur immer und immer wieder das Buch *durch*zugehen, sondern sich tiefer *hinein*zubegeben.

Und dieses Arbeitsbuch hilft Ihnen dabei.

Eine persönliche Erfahrung

Dieses Buch soll für Sie zu einer Erfahrung werden. Oft genug hört oder sieht man nur zu und beschäftigt sich nur theoretisch mit einer Sache. Dieses Buch strebt aber mehr an – Sie sollen Ihre persönliche Erfahrung machen.

Dazu finden Sie vier Formen der Herangehensweise und Interaktion: spezielle Fragen, Übungen, Aufgaben und Experimente. Auf diese Weise lädt das Arbeitsbuch Sie ein, *das Ganze nicht nur zu lesen, sondern auch etwas zu tun.* Und dies können Sie für sich allein oder auch als Gruppe angehen.

Die **speziellen Fragen** finden Sie im Buch am Seitenrand in Kästchen, nahe der Textstelle, auf die sie sich beziehen. Es sind weiterführende Fragen, mit denen Sie bestimmte Aspekte des Haupttextes noch intensiver erkennen können. Die entweder schriftlich oder im Geist vorgenommene Beantwortung dieser Fragen wird den Text in seiner Wirkung erweitern und Ihre Fähigkeit, das Material in Ihr Leben zu integrieren, beträchtlich steigern.

Bei den **Übungen** handelt es sich um Prozesse, auf die Sie sich einlassen sollten, während Sie ein Kapitel oder einen Abschnitt lesen. Das heißt, Sie lesen ein bißchen (in Arbeitsgruppen können wechselnde Personen laut vorlesen), machen die Übung, lesen wieder ein bißchen, machen eine andere Übung und so weiter. Diese Übungen sollen den Text lebendig werden lassen, Sie können das Gesagte damit direkt erfahren. Wenn Sie sie übergehen und einfach weiterlesen, werden Sie nicht den größten Nutzen aus diesem Arbeitsbuch ziehen.

Bei den **Aufgaben** und **Experimenten** handelt es sich um Miniprojekte, die Sie nach dem Ende eines Abschnitts oder Kapitels durchführen können. Sie sind für die Pausen zwischen Ihrer Lektüre (oder der Arbeitsgruppensitzungen) gedacht. Manche dieser Aufgaben und Experimente ermöglichen es Ihnen auch, die Weisheiten aus dem Buch in die »reale Welt« mitzunehmen und sie praktisch auszuprobieren, um herauszufinden, was für Sie »funktioniert« und was nicht. Andere erfordern Selbsteinschätzung und innere Arbeit. Alle haben zum Ziel, dass Sie sich mit größerem Verständnis wieder dem Buch zuwenden können.

Dieses Arbeitsbuch ist ein ausgezeichnetes Werkzeug für Seminare oder Arbeitsgruppen. Wenn Sie das Material in der Gruppe durcharbeiten möchten, dann schauen Sie sich den Abschnitt am Ende dieser Einleitung an, wo Sie ein paar Vorschläge für das Vorgehen in einer Arbeitsgruppe finden. Ich möchte Ihnen auch dringend empfehlen, ein Arbeitsbuch-Journal zu führen, ob Sie nun in einer Gruppe oder allein arbeiten. In der Praxis werden Sie ohne ein solches Journal nicht auskommen. Sie werden viel aufschreiben, vielem nachgehen müssen, Sie werden sich Gedanken bewahren wollen, es gibt viele Prozesse, die ein Aufschreiben erfordern, und Sie werden häufig gebeten werden, Ihre Reaktionen auf oder Kommentare zu einer bestimmten Aufgabe, einem Experiment oder eine Erfahrung schriftlich festzuhalten.

Wenn Sie allein mit dem Buch arbeiten, werden Sie ein solches Journal sogar noch nützlicher finden, weil Sie dort Ihre Stellungnahmen zu den Themen und Ihre Antworten auf die Fragen niederschreiben werden.

Um es noch einmal zu sagen: Es geht hier darum, dass die Prozesse, durch die Sie dieses Buch geleitet, Sie *erfahren* lassen, was Sie wissen, Sie *erfahren* lassen, was für Sie wahr ist, statt dass Sie beobachten, hören oder lesen, was für andere wahr ist.

Denn so macht es die institutionalisierte Religion. Sie kümmert sich nicht um Ihre persönlichen Erfahrungen. Sie fordert Sie nicht dazu auf, sich selbst zu erforschen, im Gegenteil. Einige Religionen verbieten Ihnen geradezu, sich Fragen zu stellen, vom Weg abzuweichen, die persönliche Erfahrung anzustreben. Es ist das Anliegen der Religion, Sie nicht zur Erfahrung dessen aufzufordern, was für Sie wahr ist, sondern Ihnen *ganz klar zu sagen*, was für Sie wahr sein *sollte*.

Und so macht es auch die Politik. Sie kümmert sich nicht um Ihre persönlichen Erfahrungen. Sie fordert Sie nicht dazu auf, sich selbst zu erforschen, im Gegenteil. Einige politische Bewegungen verbieten Ihnen geradezu, sich Fragen zu stellen, vom Weg abzuweichen, die persönliche Erfahrung anzustreben. Es ist das Anliegen der Politik, Sie nicht zur Erfahrung dessen aufzufordern, was für Sie wahr ist, sondern Ihnen *ganz klar zu sagen*, was für Sie wahr sein *sollte*.

Und so macht es auch die Gesellschaft. Sie kümmert sich nicht um Ihre persönlichen Erfahrungen. Sie fordert Sie nicht dazu auf, sich selbst zu erforschen, im Gegenteil. Einige Gesellschaften verbieten Ihnen geradezu, sich Fragen zu stellen, vom Weg abzuweichen, die persönliche Erfahrung anzustreben. Es ist das Anliegen der Gesellschaft, Sie nicht zur Erfahrung dessen aufzufordern, was für Sie wahr ist, sondern Ihnen ganz klar zu sagen, was für Sie wahr sein sollte.

Und so macht es auch die Regierung. Sie kümmert sich nicht um Ihre persönlichen Erfahrungen. Sie fordert Sie nicht dazu auf, sich selbst zu erforschen, im Gegenteil. Einige Regierungen verbieten Ihnen geradezu, sich Fragen zu stellen, vom Weg abzuweichen, die persönliche Erfahrung anzustreben. Es ist das Anliegen der Regierung, Sie nicht zur Erfahrung dessen aufzufordern, was für Sie wahr ist, sondern Ihnen *ganz klar zu sagen*, was für Sie wahr sein *sollte.*

Und so macht es auch das Erziehungswesen. Es kümmert sich nicht um Ihre persönlichen Erfahrungen. Es fordert Sie nicht dazu auf, sich selbst zu erforschen, im Gegenteil. Einige Erziehungssysteme verbieten Ihnen geradezu, sich Fragen zu stellen, vom Weg abzuweichen, die persönliche Erfahrung anzustreben. Es ist das Anliegen des Erziehungswesens, Sie nicht zur Erfahrung dessen aufzufordern, was für Sie wahr ist, sondern Ihnen *ganz klar zu sagen*, was für Sie wahr sein *sollte.*

Das alles mag nicht immer zutreffen, aber das alles trifft zuweilen zu. Und dann laufen die Dinge nicht gut; dann ist es um die Welt schlecht bestellt. Und in den meisten Erziehungssystemen, in den meisten Regierungen, in den meisten Gesellschaften, in den meisten politischen Bewegungen, in den meisten Religionen, laufen die Dinge heutzutage nicht gut.

Deshalb befindet sich heute die Welt in dem Zustand, in dem sie ist.

Wir scheinen auf geradezu einmalige Weise unfähig zu sein, uns zu ändern. All dessen ungeachtet, was unserer Erfahrung nach überhaupt nicht gut für uns ist, scheinen wir die aufregendsten und spannendsten Gelegenheiten, zu einem neuen Verständnis gelangen zu können, zu ignorieren. Und es scheint uns auf bemerkenswerte Weise an Stärke oder am Willen zu fehlen, einmal im Rahmen der menschlichen Angelegenheiten irgendetwas anders zu machen als bisher. Kurzum, wir wiederholen ständig unsere – untauglichen – Verhaltensmuster, statt neue zu erfinden. Wir hauen uns mit dem Hammer auf den Kopf und sind anscheinend nicht im Stande, damit aufzuhören. Damit legen wir eine beklagenswerte Ignoranz an den Tag. Wir sind, wie Gott in Band 2 von GMG darlegt, ziemlich primitive Wesen.

Ein Blick auf die Schlagzeilen der Zeitung von heute (Mitte April 1996) gewährt einen bemerkenswerten Einblick in das Verhalten, das die menschliche Rasse seit Jahrhunderten pflegt, und aus dem sie sich bis auf den heutigen Tag scheinbar nicht lösen kann.

ISRAELISCHE BOMBEN TREFFEN UNO-CAMP IM LIBANON

MILITANTE ÄGYPTER TÖTEN 18 TOURISTEN
BEI DEN PYRAMIDEN

GESETZESVORLAGE ZUM SCHUTZ
DER GEFÄNGNISINSASSEN VOR SEXUELLER BELÄSTIGUNG
DURCH GEFÄNGNISWÄRTER

DER KRIEG IN TSCHETSCHENIEN GEHT TROTZ
JELZINS VERSPRECHEN UNVERMINDERT HEFTIG WEITER

Die Kinder, die sehen, dass sich die Erwachsenen, ihre Rollenvorbilder in ihrer Gesellschaft, wie Kinder benehmen, fangen an, sich wie Erwachsene zu benehmen ...

Sehr junge Verdächtige

Drei Jungen, zwei Achtjährige und ein Sechsjähriger, wurden in der Nähe von San Francisco unter dem Verdacht des versuchten Mordes verhaftet.

Die Polizei in Richmond, Kalifornien, glaubt, dass das Trio ein einen Monat altes Baby, das es beim Stehlen eines Fahrrads in einem Haus vorfand, brutal getreten und geschlagen hat. Das Baby weist schwere Kopfverletzungen auf und befindet sich in einem kritischen Zustand. Die Eltern waren zu diesem Zeitpunkt bei der Arbeit und eine Schwester hielt sich in einem anderen Teil des Hauses auf.

Die Verdächtigen wurden nach Hinweisen von Zeugen mit dem gestohlenen Fahrrad gefasst. Sie befinden sich gegenwärtig in einem Jugendheim. Die Behörden versuchen zu klären, wie sie diesen Fall behandeln sollen.

Reuters New Service 24/4/96

Solche Vorfälle schrecken uns zwar auf und verstören uns, aber die Wirkung hält im Allgemeinen nicht lange an. Die Menschheit schüttelt ihr kollektives Haupt und geht zur Tagesordnung über. Sie bietet sehr wenig an und tut auch äußerst wenig, um zu einer wirklichen Verhaltensänderung zu ermuntern, sie anzuregen oder zu bewirken (geschweige denn sie zu fordern). Nur eine winzige Handvoll Menschen engagiert sich im stetigen Bemühen, unsere menschliche Rasse von ihrer selbst ersonnenen Qual und Pein zu befreien.

Die Trilogie von *Gespräche mit Gott* hat an diesem Bemühen wesentlichen Anteil. Band 1 beschäftigt sich mit grundlegenden menschlichen Fragen und zeigt den Weg zu gesunder Vernunft und geistiger Gesundheit auf. Band 2 untersucht die gegenwärtigen Umstände unserer planetarischen Gemeinschaft und beschreibt Möglichkeiten für einen Wandel. Band 3 bietet Einsichten in die universelle Kosmologie, beschreibt, wie das Leben in anderen fortgeschritteneren Zivilisationen gelebt wird, und appelliert an all jene Menschen, die eine neuere Welt anstreben möchten.

Die gesamte Trilogie läuft auf eine außergewöhnliche Einladung hinaus, die umfassendste soziale, sexuelle, politische, ökonomische und spirituelle Revolution in der Geschichte der Erde zu schaffen und an ihr teilzunehmen.

Dieses Arbeitsbuch ist Bestandteil dieser Einladung. Es führt Sie Schritt für Schritt durch die Informationen in Band 1 und dirigiert Sie stets zu Ihrer Erfahrung von dem, was wahr ist. Denn es ist offensichtlich, dass wir als menschliches Kollektiv immer weiter alte Verhaltensmuster an den Tag legen, weil wir immer noch alten Anweisungen gehorchen.

So wie unsere Kinder traurigerweise uns nachahmen, ahmen wir unsere eigenen Vorfahren nach und leben so, wie sie uns zu leben geheißen haben, glauben wir, was sie glaubten und übernehmen ihre Werte.

Das sind die Werte, die uns umbringen. Und wir werden in dieser selbst erdachten Falle stecken bleiben, solange wir nicht einen Weg finden, uns in unsere eigene Lebens*erfahrung* hineinzubegeben, statt uns von anderen sagen zu lassen, was die Wahrheit zu sein hat.

Aus diesem Grund legt dieses Arbeitsbuch so viel Nachdruck auf Ihre persönliche Erfahrung und trachtet danach, die Weisheiten in Band 1 von *Gespräche mit Gott* zu einer Sache der Erfahrungen statt zu einer der Beobachtung zu machen.

Wenn Ihnen die Einladung, die die GMG-Trilogie darstellt – eine Einladung, die gesamte menschliche Erfahrung zu verändern – ein bisschen größenwahnsinnig erscheint, dann sollten Sie wissen, dass wir hier von einer Veränderung in Ihrem Erfahrungsbereich sprechen. Denn es stimmt, was schon so viele Male gesagt wurde: Die menschliche Revolution beginnt bei der eigenen Person.

Wenn Sie in *Ihrem* eigenen Erfahrungsbereich eine Veränderung und einen Wandel vornehmen, setzen auch eine Veränderung und ein Wandel im Erfahrungsbereich der ganzen Menschheit ein. Sie tun also eine sehr wichtige Arbeit, wenn Sie Ihr Leben verändern. Und diese Arbeit hat weitreichendere Konsequenzen, als Ihnen vielleicht anfänglich bewusst war.

Dieses Arbeitsbuch möchte Ihnen eine Hilfe sein, die Weisheiten, die Sie in Band 1 von *Gespräche mit Gott* gefunden haben, als persönliche Erfahrung in Ihr Leben einzubringen.

Ihre Rolle in diesem Buch

Soll das Buch zu einer Erfahrung für Sie werden, dann müssen Sie das auch zulassen. Sie müssen bereit sein, eine Rolle bei der Entfaltung des Buches zu spielen. In gewissem Sinn können Sie die Wahl treffen, sein Koautor zu sein, so wie ich mich dazu entschied, der Koautor von GMG zu sein.

Sind Sie willens, die nötige Zeit darauf zu verwenden, um GMG wirklich zu studieren? Was würde es Ihnen Ihrer Meinung nach einbringen, wenn Sie es täten?

Wenn Sie sich dazu entscheiden, werden Sie die Fragen in diesem Arbeitsbuch beantworten und die Übungen, Aufgaben und Experimente durchführen. Damit werden Sie dem Buch etwas hinzufügen, was sonst kein anderer hinzufügen kann. Und Sie werden seinen Schluss selbst schreiben. Dieser Schluss wird sich auf den Seiten Ihrer eigenen Lebensgeschichte finden.

Es ist natürlich nicht so, dass Sie all diese Übungen unbedingt machen müssen. Sie können auch manche Aufgaben auslassen. Das Arbeitsbuch wird auch dann noch von großem Wert für Sie sein, wenn Sie es nur lesen.

Lesen Sie es aber unbedingt, gleich ob Sie nun beabsichtigen, die Übungen und Aufgaben durchzuführen oder nicht. Stellen Sie nur fest, wie weit zu gehen Sie bereit sind. Nehmen Sie für sich zur Kenntnis, wie viel Sie investieren wollen. Und gehen Sie dann auf die Art und Weise vor, wie es Ihnen behagt.

Die Struktur dieses Arbeitsbuches

Mehr als alles andere ist Band 1 von *Gespräche mit Gott* eine Sammlung von Grundgedanken. Es hat eine gewisse zyklische Struktur und bringt die Leser und Leserinnen immer wieder zu einer Reihe von grundsätzlichen Aussagen und Kerngedanken zurück, die das Grundgerüst seiner Botschaft bilden. Ich habe das Buch nicht absichtlich so angelegt. Es »ergab sich einfach«, dass die Fragen und Antworten in dieser Weise herausrollten. Doch mir ist nun klar, dass der Wahre Autor dieses Buches genau wusste, was Er tat. Ich erkenne nun, dass nicht nur Seine Antworten inspiriert waren, sondern auch meine Fragen. Durch diesen Kunstgriff produzierte Gott genau das, was beabsichtigt war: Ein Buch, das die umfassendsten spirituellen Grundgedanken beinhaltet, aber dabei so verständlich wie möglich ist. Indem es immer wieder zu Aussagen zurückkehrt, die uns mit enormen Wahrheiten bekannt machen, und sie von Kapitel zu Kapitel in einen neuen Kontext stellt, ist ihm das auf wunderbare Weise gelungen. Gott ist wirklich ein guter Schriftsteller.

Jedes Kapitel in diesem Arbeitsbuch behandelt die Grundgedanken, die im entsprechenden Kapitel in Band 1 von *Gespräche mit Gott* besprochen werden (Im Text abgekürzt mit GMG I). So können Sie den Text von Band 1 von vorne bis hinten durchgehen und parallel die entsprechenden Kapitel im Arbeitsbuch lesen. An Hand der Anleitungen können Sie die einzelnen Leitgedanken tiefer erforschen und in Ihrem Alltagsleben anwenden.

Einige Kapitel in diesem Buch sind in Abschnitte unterteilt, weil das entsprechende Kapitel in Band 1 mehrere Leitgedanken enthält. Dann ist jedem Gedanken ein eigener Abschnitt gewidmet.

Das Arbeitsbuch gibt auch an, wann Sie Ihr Studium unterbrechen sollen, um an einer Aufgabe zu arbeiten, ein Experiment durchzuführen oder einfach über das Gelesene nachzudenken, um festzustellen, wie – und ob – sich der Text auf Sie bezieht. An diesen Stellen werden Sie folgendes Zeichen finden:

Denkpause

Jedes »Stoppzeichen« markiert das Ende einer Studiensitzung, ob für Sie privat oder für Ihre Arbeitsgruppe. Wenn Sie es übergehen, um schneller voranzukommen, kann das zu Missverständnissen führen oder dazu, dass Ihnen ganz einfach ein Punkt entgeht, den das Buch herausarbeiten möchten. Gehen Sie nicht zu schnell vor. Lassen Sie sich Zeit.

Die Leitgedanken von *Gespräche mit Gott*

Band 1 der *Gespräche mit Gott* enthält außergewöhnliche und atemberaubende Grundgedanken. Manche sind einfach, andere sind komplexer. Alle sind prägnant, dringen bis zum Kern der menschlichen Erfahrung vor, treffen ins Mark unserer menschlichen Glaubenssysteme und führen zum menschlichen Leben selbst.

Es gibt vierunddreißig Leitgedanken, um die die Botschaft des Buches kreist.

1. Gott kommuniziert ständig mit uns.
2. Das Gefühl ist die Sprache der Seele.
3. Gedanke, Wort und Tat sind die drei Ebenen der Schöpfung.

4. Es gibt nur zwei stiftende Gedanken: Angst und Liebe.
5. In der Abwesenheit dessen, was ihr nicht seid, ist das, was ihr seid, nicht.
6. So etwas wie »richtig« oder »falsch« gibt es nicht.
7. Was du fürchtest, ziehst du an.
8. Gott ist Leben und der Stoff des Lebens.
9. Gott braucht nichts und verlangt deshalb auch nichts von uns.
10. Gott spricht mit jedermann.
11. Menschliche Wesen bestehen aus drei verschiedenen Energieformen.
12. Alles, was wir in unserer Welt sehen, ist das Ergebnis unserer Gedanken hinsichtlich dieser Dinge.
13. Alle Zustände und Bedingungen sind vergänglich. Nichts bleibt so wie es ist. Wie sich ein Ding verändert, hängt von uns ab.
14. Das Ziel der Seele ist Evolution.
15. Wir sind der oder die, der oder die wir zu sein glauben. Wir sind unsere sich manifestiert habenden Gedanken über unsere eigene Person.
16. Das Leben ist kein Entdeckungsprozess, es ist ein Schöpfungsprozess.
17. So etwas wie die Zehn Gebote gibt es nicht.
18. Das Ding, dem du dich widersetzt, bleibt bestehen.
19. Leidenschaft ist nicht Erwartung, und Erwartung ist nicht Leidenschaft.
20. Leiden ist nicht notwendig.
21. Du brauchst keinen Gott.
22. Alle Beziehungen sind heilig.
23. Der Sinn unseres Lebens ist der, dass wir entscheiden und erklären, zum Ausdruck bringen und erfahren, wer-

wir-wirklich-sind. Das ist der Sinn und Zweck ALLER Dinge des Lebens.

24. Beziehungen funktionieren am besten, wenn wir immer das tun, was für uns das Beste ist.
25. Du bist ein Bote.
26. Du bist die Wahrheit.
27. Die Liebe Gottes ist bedingungslos.
28. Es ist genug da.
29. Du bist ein menschliches Wesen.
30. Etwas wollen bedeutet, es von sich wegschieben.
31. In unserem Leben geht es nicht um unseren Körper.
32. Deine Gesundheit ist deine Schöpfung.
33. Du bist der Leib Gottes.
34. Alles im Leben ist ein Gespräch mit Gott.

Diese Grundgedanken zu verstehen erfordert tiefes Nachdenken. Sie zur Anwendung zu bringen, sie in die Tat umzusetzen, erfordert tiefes Engagement. Engagement für ihre Wahrheit, Engagement für die eigene Person, Engagement für die Absicht und den Sinn und Zweck des Lebens.

Der Sinn und Zweck des Lebens besteht darin, dass Sie sich selbst erkennen, sich selbst erschaffen, sich selbst als die oder den erfahren, die oder der Sie wirklich sind. Einen anderen Grund, um irgend etwas zu tun, gibt es nicht.

Und genau das machen Sie gegenwärtig und jeden Tag Ihres Lebens. Jeder Ihrer Gedanken, jedes Ihrer Worte, jede Ihrer Taten ist eine an das Universum gerichtete Aussage: *Das ist es, wer ich bin.*

Die meisten von uns machen diese Aussage unbewusst, ohne nachzudenken. Das meine ich ganz buchstäblich. Die meisten von uns entscheiden, erschaffen und erfahren, wer-sie-sind, *ohne nachzudenken*. Und das bedeutet eine gedankenlose Schöpfung. Ihr wurde nicht der geringste Gedanke geschenkt.

Das mag hart klingen, doch wenn Sie sich Ihr Leben ganz ehrlich anschauen, werden Sie erkennen, dass es zumindest bis zu einem gewissen Grad stimmt. Die meisten von uns verbringen ihr Leben schlafwandelnd. Sie sind auf »Autopilot« geschaltet. Sie wandern von Ort zu Ort, gehen von einer Funktion zur nächsten über, schlittern von einer Äußerung in die andere, ohne bewusst darüber nachzudenken. Sie sagen Dinge, ohne zu denken, tun Dinge, ohne zu denken, und *denken sogar Dinge, ohne zu denken*. Das heißt, sie denken über das, worüber sie nachdenken, nicht nach.

Doch es gibt einen Gedanken, den wir in Bezug auf all das haben – und das ist der gefährlichste Gedanke von allen.

Wir denken, dass das alles nichts ausmacht.

Und all das ist der Grund, warum unser Leben so ist, wie es ist.

Dieses Arbeitsbuch könnte das alles ändern.

Schauen wir uns nun Band 1 von *Gespräche mit Gott* Leitgedanke für Leitgedanke an und sehen wir, wie wir diese Weisheit in unserem Alltag nutzbringend anwenden können. Denn wozu ist Weisheit gut, wenn sie nicht nützlich ist?

So können Sie in einer Arbeitsgruppe vorgehen

Wenn Sie das Arbeitsbuch in einer Gruppe durcharbeiten wollen, finden Sie hier ein paar Vorschläge, wie Sie die einzelnen Sitzungen gestalten können.

1. Leiten Sie jede Gruppensitzung mit einer kurzen Meditation ein. Bitten Sie um Klarheit und Verständnis.
2. Nehmen Sie sich einen Augenblick Zeit für ein kurzes Statement von Seiten jedes Teilnehmers. Lassen Sie jede Person der Reihe nach ein oder zwei Worte dazu sagen, wie es ihr ergeht. Doch denken Sie daran, dass dies keine »Therapiegruppe« ist, und widerstehen Sie der Versuchung, sich »auf die Geschichten der Leute einzulassen«.
3. In den nächsten fünfzehn bis zwanzig Minuten sollten die einzelnen Teilnehmer über die Ergebnisse der Aufgabe oder des Experiments berichten, mit dem sie sich in der vorangegangenen Woche beschäftigt haben. Das ist oft eine wichtige Zeit des Austauschs und der Entdeckungen.
4. Danach empfiehlt sich eine kurze Pause.
5. Beginnen Sie mit dem Studienmaterial der Woche, indem einer der Teilnehmer laut Passagen aus dem Text vorliest, mit dem ein Kapitel bzw. Abschnitt in diesem Arbeitsbuch eingeleitet wird. Lassen Sie, wenn Sie zu der Übung kommen, die Anweisungen ebenfalls laut vorlesen und geben Sie dann der Gruppe fünf bis zehn Minuten Zeit, um sie durchzuführen.
6. Es folgt die Besprechung der Übung und wie sie von den einzelnen Gruppenteilnehmern erlebt wurde. Auch das ist eine wichtige Zeit des Austauschs und der Entdeckungen.

7. Nun liest eine andere Person aus dem Text vor, der sich der Übung anschließt.
8. Lesen Sie das Ende des Kapitels vor und besprechen Sie die Aufgabe oder das Experiment für die kommende Woche. Vergewissern Sie sich, dass alle verstanden haben und es keine weiteren Fragen gibt.
9. Bevor Sie die Sitzung beenden, versichern Sie sich in einer kurzen Abschlussrunde, dass sich niemand infolge der Arbeit des Abends noch mit »Hängern« oder »unerledigten Dingen« herumplagt, und dass alle okay sind.
10. Eine kurze (wirklich kurze) Meditation zum Ausklang.

1

1.1 Gott schweigt nie

Ich glaube, das Bezaubernde und Wunderbare an *Gespräche mit Gott* ist, dass es so viele geistig erweiternde, Überzeugungen und Glaubensvorstellungen anfechtende Aussagen enthält und dabei doch einen Weg gefunden hat, diese Aussagen so vorzutragen, dass sie uns nicht kränken, sondern sogar einladend wirken.

Das Buch beginnt zum Beispiel mit etwas, das lange als Gotteslästerung galt, nämlich mit der Aussage, dass Gott nie aufgehört hat, mit uns zu sprechen.

Eine enorme Anzahl von Menschen glaubt, dass Gott schon vor vielen, vielen Jahren zu sprechen aufgehört hat. Sie glauben, dass Gott seither nie wieder ein Wort gesagt hat. Jedenfalls nicht in Form einer direkten Offenbarung. Sein letztes und endgültiges Wort, so wird behauptet, findet sich in der Heiligen Schrift.

Welche Heilige Schrift? Nun, das hängt davon ab, mit wem man spricht. Viele sagen, die Bibel. Andere sagen, nein, Sein Wort findet sich im Pentateuch. Andere sagen, nein, Sein Wort findet sich im Koran.

Andere sagen, nein, es ist in der Thora.

Andere sagen, nein, es ist die Mischna.

Andere, die Bhagavadgita.

Andere, der Rigveda.

Andere, die Veden.

Andere, die Upanishaden.

Andere, der Mahabharata und Ramayana.

Andere, die Puranas.

Andere, die Tantras.

Andere, das Tao te king.

Andere, der Buddha-Dharma.

Andere, das Dammapada.

Andere, die Meister von Hui-nan.

Andere, das Shih-ching.

Andere, der Pali-Kanon.

Andere, das Buch der Mormonen.

Andere ...

Nun, der Punkt ist, dass viele Menschen glauben, eine direkte Offenbarung – dass also Gott direkt zur Menschheit spricht – habe sich nicht mehr ereignet, seit ihre »Heilige Schrift« verfasst wurde.

Und wenngleich sich viele theologisch gesehen nicht einig sind, stimmen sie doch in einem Punkt überein. *Ihr* Wort Gottes ist *das* Wort Gottes; *ihr* Weg zum Paradies ist *der* Weg zum Paradies; *ihre* Verdammung durch die Gottheit ist *die* Verdammung durch die Gottheit.

Daran gemessen müsste *Gespräche mit Gott* Ketzerei, müsste es Gotteslästerung sein. Einige Anhänger der alten Heiligen Schrift sind sich vielleicht nicht ganz im Klaren darüber, welches alte Buch nun die Wahrheit enthält, aber eines ist für sie klar, nämlich dass sie in keinem *neuen Buch* steht.

Überraschenderweise leugnen sogar manche der neueren theologisch liberaleren Bewegungen auch nur die *Möglichkeit,* dass Gott heute irgend jemandem durch direkte Kommunikation eine neue Wahrheit übermitteln könnte, und warnen vor solchen Offenbarungen aus jüngster Zeit.

Damit stellt *Gespräche mit Gott* von Anfang an (ja, allein schon durch seinen Titel) eine Herausforderung dar, wirft Pläne über den Haufen, mischt einen Großteil der heutigen Theologie auf. Doch interessanterweise scheint das nur wenig Leute bekümmert zu haben; nur wenige, die GMG gelesen haben, scheinen mit der Möglichkeit ein Problem zu haben, dass Gott sich wieder einmal durch das geschriebene Wort offenbart hat.

Ja, ich will noch weiter gehen. Erstaunlich viele Menschen traten vor und sagten, dass *auch sie eine solche Kommunikation erlebt haben.* Und so zeigt sich, dass mein Gespräch mit Gott letztlich gar kein so »ungewöhnlicher Dialog« ist.

Erforschen wir nun diesen einleitenden Gedanken und sehen wir, wie er sich auf Sie bezieht.

Der erste wesentliche Grundgedanke in GMG I ist der, dass Gott ständig mit uns kommuniziert; dass er *immer* mit uns kommuniziert hat; dass er *nie aufgehört* hat, mit uns zu kommunizieren; und dass er jedes zur Verfügung stehende Instrument benutzen wird, um diese Kommunikation *fortzusetzen,* jetzt und für alle Zeiten.

Ich rede mit jedermann. Immer. Die Frage ist nicht, mit wem ich rede, sondern wer zuhört. GMG I, Seite 20

Das also ist unser Ausgangspunkt.

Leitgedanke 1
Gott kommuniziert ständig mit uns.

Sehen wir nun, ob das für Sie wahr ist. Schauen wir uns Ihre Erfahrung an. Gab es einmal einen Fall, wo Sie sich von Gott inspiriert fühlten? Denken Sie darüber nach. Wie würde das aussehen? Wie würde es sich anfühlen? Wäre es möglich, dass Sie von einer solchen Inspiration berührt wurden und es gar nicht merkten? Könnte es sein, dass Sie eine solche Erfahrung gemacht haben, sie aber ganz einfach *nicht als solche bezeichnet haben?*

Ich erinnere mich an einen Abend vor einigen Jahren. Ich saß mit einer Freundin beim Abendessen bei ihr zu Hause, als es an der Tür klopfte. Es war die Schwester meiner Freundin, die hereinplatzte und verkündete, sie würde sich umbringen. Sie meinte es ernst. Ich redete es ihr aus.

Das war nicht leicht. Es dauerte fast den ganzen Abend. Ich hörte zu, redete ein bisschen, hörte weiter zu, redete noch ein bisschen. Als unser Gespräch zu Ende war und die Schwester im Badezimmer verschwand, um sich das Gesicht zu waschen und ihr Make-up in Ordnung zu bringen, sah mich meine Freundin überrascht und dankbar an: »Woher wusstest du, was du *sagen* solltest?«, fragte sie.

»Ich weiß nicht«, erwiderte ich, wie ich mich entsinne. »Ich weiß ja nicht einmal jetzt, was ich gesagt *habe.*«

Heute würde ich ihre Frage anders beantworten. Heute würde ich sagen: »Gott gab mir die Worte. Gott sprach direkt zu deiner Schwester, durch mich.«

Ich möchte wetten, dass sich die meisten Menschen an Fälle erinnern, in denen Gott durch sie sprach oder handelte. Sie hätten es vielleicht nicht so benannt, aber sie haben definitiv diese Erfahrung gemacht.

Als mein Sohn Travis etwa sieben oder acht Jahre alt war, hatte ich ein interessantes Erlebnis. Die Familie saß beim Abendessen, als Travis plötzlich aufsprang und mit panischem Gesichtsausdruck, wild schwenkenden Armen und heftig zuckenden Händen durchs Zimmer raste.

»Was ist los?«, rief ich, wusste aber sofort die Antwort. *»Ist dir etwas im Hals stecken geblieben?«*

Er warf mir einen Blick zu, den ich nie vergessen werde. Er besagte nicht nur: »Ja, *ja!*« Er bedeutete auch: »Hilf mir! MACH WAS!«

Mich selbst dafür verfluchend, dass ich nicht den Erste-Hilfe-Kurs beim Roten Kreuz gemacht hatte, rannte ich zu ihm, legte meinen linken Arm um seine Brust, hielt ihn fest, und klopfte ihm mit der anderen Hand auf den Rücken. Ich weiß nicht, was ich mir dabei dachte. Ich hoffte wohl, dadurch irgend etwas in Bewegung zu bringen.

Es funktionierte nicht. Travis schüttelte sich noch stärker und krampfte sich röchelnd zusammen. Seine Augen traten schon hervor und durchbohrten mich mit einer Botschaft tief aus seiner Seele: DU BIST MEINE EINZIGE HOFFNUNG.

Ich wusste, dass nicht mehr viel Zeit blieb.

Nun, für einen Mann bin ich eher klein und auch nicht sehr stark. Ich war immer eher schmächtig und nicht besonders muskulös. Ich weiß also nicht, wie es mir in den Sinn kam, tun zu können, was ich als nächstes tat.

Ich bückte mich, umfasste Travis' Fußknöchel, hob ihn an den Füßen hoch und hielt ihn dann mit *einer Hand.* Und während ich ihn so kopfüber nach unten baumeln ließ, schlug ich ihn wieder, diesmal ziemlich heftig, auf den Rücken. Nichts. Ich probierte es noch einmal, schlug *sehr hart* zu.

(Es ist nicht leicht, das eigene Kind in dieser Weise zu schlagen. Wie schwer das ist, weiß man erst, wenn man es tun muss. Ich entsinne mich, dass ich dachte: »Besser ein blauer Fleck als der Tod.«)

Dann war da ein gurgelndes Geräusch und etwas – ein großer Brocken von irgendeinem verdammten Ding – flutschte aus Travis' Mund und flog quer durch den Raum. Ich stellte meinen Sohn wieder auf die Beine. Er rang nach Luft. Er atmete wieder.

»Es ist schon gut«, hörte ich meine Frau, die den Notruf gewählt hatte, am Telefon sagen. »Es ist okay. Alles ist in Ordnung.«

Ich sah meinen Sohn an, und mir war klar, dass ich ihn hätte verlieren können. In diesem Augenblick. Hier auf der Stelle. Die anderen Kinder saßen am Tisch. »Gut gemacht, Dad!«, jubelten sie. »Bist du in Ordnung?«, fragte ich Travis. »Ja«, erwiderte er noch etwas benommen. »Entschuldigt mich«, sagte ich, ging nach oben ins Schlafzimmer, setzte mich aufs Bett und weinte.

Ich danke dir Gott. Gott, ich danke dir, dass du mir den Weg gezeigt hast. Dass du mir die Stärke gegeben hast …

Viele von uns haben Augenblicke wie diese erlebt, Augenblicke, in denen wir zu einer größeren Version unserer selbst wurden. Ich bin davon überzeugt, dass Gott in solchen Augenblicken zu uns spricht, dass er durch uns handelt, uns den Weg zeigt.

Der erste Schritt zur Erkenntnis, dass Gott *immer* mit uns kommuniziert, ist der, dass wir wissen, dass Gott *manchmal* mit uns kommuniziert. Wenn es Ihnen möglich ist, Letzteres zu akzeptieren, können Sie allmählich auch die Möglichkeit von Ersterem sehen.

Übung

Denken Sie an eine Begebenheit, bei der Sie über Ihr normales Ich hinauswuchsen; bei der Sie etwas taten, von dem Sie gar nicht wussten, dass Sie es tun können, oder etwas sagten, von dem Sie gar nicht wussten, dass Sie es in sich hatten.

Dabei muss es sich nicht um irgendetwas Großartiges und Weltbewegendes handeln, sie müssen kein Leben gerettet und kein Heilmittel für Krebs entdeckt haben. Es kann etwas so Einfaches sein wie die Lösung eines Problems, das Ihnen oder jemand anders schwer zu schaffen machte, oder ein einfacher Satz von Ihnen, der plötzlich jemandem, der nicht weiter wusste, etwas klar machte, oder eine wirklich gute Idee, die Ihnen kam, als Sie sie wirklich brauchten.

Wenn Sie mehr als eine solche Erfahrung hatten, dann wählen Sie die aus, die Sie am meisten beeindruckte. Schildern Sie das Erlebnis nun Ihrer Gruppe oder schreiben Sie sie in Ihrem Journal nieder. Dabei beantworten Sie folgende Fragen:

- Was war der »Auslöser« für Ihren Eintritt in eine »größere Dimension«?
- Was haben Sie gesagt oder getan, das »größer« war als Ihr »gewöhnliches Ich«?
- Was empfanden Sie, als die Erfahrung vorbei war?

- Was haben Sie als Ergebnis davon für sich erkannt oder in Bezug auf Sie selbst beschlossen?

Die meisten Menschen haben zumindest einmal in ihrem Leben etwas Derartiges erfahren. Wenn Sie sich an keinen einzigen solchen Fall erinnern können, dann stellen Sie sich folgende Fragen und beantworten Sie sie vor der Gruppe oder schreiben Sie sie in Ihrem Journal nieder.

- Was bräuchte es für mich, um etwas, das ich gesagt oder getan habe, als etwas sehr Besonderes ansehen zu können?
- Habe ich je irgend etwas in meinem Leben getan, das in diese Kategorie fallen könnte?
- Was hält mich davon ab, mir selbst dafür Anerkennung aussprechen zu können?
- Würde die Tatsache, dass ich mir für eine besondere Tat selbst Anerkennung ausspreche, diese zu etwas »weniger Besonderem« machen?
- Möchte Gott, das wir etwas Besonderes sind? Ist es okay, es auch zu *sagen*, wenn wir es sind?

Weiterführende Diskussion

Spirituelle contra »praktische« Mitteilung von Gott

Sind Sie je einmal die Straße entlanggegangen und fanden sich plötzlich aus unerfindlichem Grund »von einem Gefühl umhüllt«, das sich nicht anders als eine Warnung beschreiben lässt – so als ob jemand in Ihrem Innern Ihnen zuriefe: »Pass auf!«? Und haben Sie es dann erlebt, dass Sie nach rechts oder links blickten, und einen Lastwagen auf sich zukommen oder einen Gegenstand herabfallen sahen oder sonst eine unmittelbar drohende Gefahr wahrnahmen?

Wenn das der Fall war, dann haben Sie die Erfahrung gemacht, dass Gott zu Ihnen sprach.

Haben Sie sich je einer Prüfung unterzogen oder wurde Ihnen eine Quizfrage oder andere Frage zu etwas gestellt, das Sie nicht beantworten zu können glaubten, nur um dann festzustellen, dass Ihnen die Antwort auf geheimnisvolle Weise schon praktisch auf der Zunge lag?

Wenn das der Fall war, dann haben Sie die Erfahrung gemacht, dass Gott zu Ihnen sprach.

Waren Sie je einmal zutiefst verletzt, emotional traumatisiert oder verwundet und flehten um die Beendigung dieses Schmerzes, und fanden sich im nächsten Moment in tiefe Ruhe und friedliche Heiterkeit eingebettet?

Haben Sie sich je einmal gefürchtet – waren wirklich zutiefst verängstigt – und baten um Schutz, um sich dann plötzlich auf fast magische Weise unverwundbar und von einer Stärke und einem Mut erfüllt zu finden, die Sie die Situation durchstehen ließen?

Sahen Sie sich jemals vor einem unglaublichen Dilemma stehen und wussten einfach nicht, was in dieser Situation das Richtige war, nur um festzustellen, dass Sie sofort, nachdem Sie Ihren verzweifelten mentalen Kampf aufgaben, den richtigen Weg vor sich sahen?

Wenn Sie das erlebt haben, dann haben Sie die Erfahrung gemacht, dass Gott zu Ihnen sprach.

Vielleicht können Sie den Gedanken akzeptieren, dass Gott tatsächlich mit uns »spricht« oder uns weiterhilft – oder zumindest, dass Gott uns »Schutzengel« oder »Führer« schickt, die das tun. Doch die Vorstellung, dass Gott *direkt*

Ist es möglich, dass es für Gott in Ordnung ist, eine Krankheit aus unserem Körper zu entfernen, nicht aber die Verwirrung aus unserem Geist?

zu Ihnen (oder gar *durch Sie*) über theologische Angelegenheiten spricht, kommt Ihnen doch zu unwahrscheinlich vor.

Wie können Sie, wenn Sie Ersteres akzeptieren, Letzteres ausschließen? Was hat Sie zu der Entscheidung veranlasst, dass Gott mit Ihnen über Alltagsdinge spricht, nicht aber über theologische Angelegenheiten? Woher haben Sie die Idee, dass Gott plötzlich den Mund hält, wenn es um harte Fragen geht? Glauben Sie, dass Sie zwar würdig sind, vor einem herannahenden Auto gewarnt zu werden, aber nicht würdig, etwas über die höchsten Wahrheiten und tiefsten Geheimnisse des Universums erzählt zu bekommen? Und an welchem Maßstab gemessen sind Sie zu dieser Einschätzung Ihrer Unwürdigkeit gelangt?

Es ist bemerkenswert (und bedauerlich), dass viele Menschen durch die institutionalisierte Religion zu dieser Einschätzung gelangt sind. Und es gehört zu den traurigsten Ironien im Leben, dass genau die Institutionen, die uns Gott näher bringen sollten, ihn oft weiter von uns wegstoßen.

Sie fordern uns darum auf, an einen Gott zu glauben, den wir jederzeit um Beistand bei der Bewältigung der schwierigsten Herausforderungen im Leben bitten können. Bei der Beantwortung der schwierigsten Fragen des Lebens hilft er uns jedoch angeblich nicht.

Ja, es kann sogar passieren, dass Sie als Gotteslästerer bezeichnet werden, wenn Sie auf die Frage, woher Sie Ihre Antworten haben, die Sie auf die schwierigen spirituellen Fragen geben können, sagen: »Ich bekomme alle meine

Antworten direkt von Gott. Gott spricht direkt zu mir.« (Es sei denn, die Leute, denen Sie Ihre Antworten offenbaren, sind mit den ihnen »gegebenen« Antworten einverstanden. In diesem Fall wird man Sie unter Umständen als Prophet bezeichnen.)

Die meisten Religionen fordern Sie dazu auf, ihre Wahrheit zu akzeptieren, und nicht Ihre eigene. Und ich glaube, dass die meisten Religionen in diesem Punkt auf dem Holzweg sind. Mir wurde klargemacht, dass die größte Wahl, die wir in unserem Leben zu treffen haben, die zwischen unserer eigenen Wahrheit und der eines anderen ist.

Denkpause

Experiment

Beobachten Sie, wie oft Gott mit Ihnen in dieser Woche kommuniziert. Kaufen Sie sich dafür ein kleines Notizheft. Benutzen Sie es als »Logbuch« für die Mitteilungen, die Sie täglich von Gott erhalten. Fällen Sie dabei kein Urteil über sich. Sagen Sie sich nicht, dass Ihnen »das nicht widerfahren kann«, oder dass es »nicht das ist, was es zu sein scheint«. Schreiben Sie es ganz einfach jedes Mal auf, wenn Sie das Gefühl haben, eine Mitteilung aus einer höheren Quelle zu erhalten. Holen Sie Ihr Notizheft heraus und notieren Sie Datum und Uhrzeit.

Schreiben Sie dann in ein paar Worten die erhaltene »Botschaft« nieder. War es ein Gedanke oder waren es Bilder? War es eine bildliche Vorstellung? War es etwas in Ihrer Außenwelt? Ein Zeitschriftenartikel, der Ihnen »in den Schoß« fiel? Ein Lied, das Sie hörten, ein Film, den Sie sahen? Etwas, das jemand genau im richtigen Augenblick und auf die genau richtige Art sagte? War es ein Gefühl, das Sie überkam? Beschreiben Sie die Form, in der die Botschaft zu Ihnen kam.

Stellen Sie fest, ob sich die Anzahl der »Botschaften« zwischen Anfang und Ende der Woche erhöht hat. – Oft führt die Wahrnehmung der ersten paar Botschaften dazu, dass Sie in der Folge viel mehr wahrnehmen.

Schauen Sie sich, wenn die Woche verstrichen ist und Sie Ihre Liste beendet haben, Ihre Einträge an und stellen Sie sich folgende Fragen:

- Glauben Sie, dass diese Mitteilungen direkt von Gott kamen? Glauben Sie, dass Sie es wert sind, solche Mitteilungen zu erhalten?
- Spüren Sie einen Unterschied zwischen den Mitteilungen, die von einer höheren Quelle herzurühren scheinen, und anderen Gedanken und Ideen, die Ihnen durch den Kopf gehen, oder Erfahrungen, die Ihnen zustoßen? Wenn ja, wie würden Sie diesen Unterschied beschreiben?
- Was, wenn überhaupt, sagt Ihnen das über das Leben und Ihre Gespräche mit Gott?

1.2 ... und nichts als die Wahrheit, so wahr mir Gott helfe

Die größte Wahl, die Sie im Leben zu treffen haben, ist die zwischen Ihrer eigenen Wahrheit und der eines anderen.

Und wie wissen Sie, welche Wahrheit »wahrhaftig« die Ihre ist? In *Gespräche mit Gott* wird gesagt, Sie wissen es, indem Sie auf das hören, was Sie fühlen. Gefühle haben ihren Sitz in der Seele, und die Seele ist Gott-in-Ihnen. Dort und nirgendwo anders findet sich Ihre Wahrheit.

Leitgedanke 2
Das Gefühl ist die Sprache der Seele.

Wir verbringen den größten Teil unseres Erwachsenendaseins damit, unseren Gefühlen vertrauen zu lernen. Das ist nicht überraschLend, da wir den Großteil der Jahre, in denen wir aufwuchsen, damit verbracht haben, unsere Gefühle *ignorieren* zu lernen.

Vielen Menschen wurde in ihrer Kindheit gesagt, dass Gefühle »nicht gut« sind. Es war »nicht gut«, wütend zu sein und es zu zeigen. Es war »nicht gut«, eifersüchtig zu sein und es zu zeigen. Es war »nicht gut«, Angst zu haben und es zu zeigen. Ja, es war noch nicht einmal gut, allzu aufgeregt und begeistert zu sein und es zu zeigen.

Es war nicht gut, es war nicht gut, es war *nicht gut!*

Wenn wir vor jugendlichem Überschwang schier berstend in ein Zimmer platzten, wurden wir ermahnt, uns zurückzuhalten, nicht zu stören, still zu sein. Wenn wir gekränkt und wütend davonstürmen wollten, wurden wir dazu angehalten, sofort damit aufzuhören, uns zu entschuldigen und nie wieder Erwachsenen gegenüber diesen Ton anzuschlagen. Wenn wir zu laut lachten oder zu lange weinten, zu früh redeten oder zu viele Fragen stellten, ließ man uns wissen, dass wir irgendwie etwas »falsch« gemacht hatten. Wir waren nicht gut, nicht brav gewesen.

Bei all dem konnte uns unmöglich der Punkt, auf den es ankam, die Botschaft entgehen: Es ging im Leben nicht darum zu lernen, wie man *ist,* was man ist, sondern darum zu lernen, wie man *nicht* ist, was man ist.

Für viele Erwachsene besteht die größte Herausforderung im Erinnern daran, wer-sie-wirklich-sind. Ein so großer Teil ihrer selbst wurde am Wegesrand abgeladen, zurückgelassen, aufgegeben, unterdrückt, ignoriert.

Wollen Sie wissen, wer Sie sind? Wollen Sie wieder mit Ihrer Wahrheit über die Dinge – was immer sie sein mag – in Berührung kommen? Dann überprüfen Sie Ihre Gefühle. Hören Sie auf Ihre Seele.

Wenn du wissen willst, was in Bezug auf irgendetwas für dich wahr ist, dann achte darauf, was du fühlst.

GMG I, Seite 20

Übung

1. Stellen Sie fest, was Sie im Moment in Bezug auf dieses Buch und seine Aussagen fühlen. Sprechen Sie in Ihrer Gruppe darüber und bitten Sie jede Person, ihre Gefühle hinsichtlich des Materials, das Sie gerade lesen, zu beschreiben. Wenn Sie allein arbeiten, dann beschreiben Sie Ihre Gefühle in Ihrem Journal. Danach gehen Sie zum nächsten Punkt über.
2. Erinnern Sie sich an das letzte Mal, als Sie sehr starke Gefühle in Bezug auf etwas hatten. Irgend etwas. Es spielt keine Rolle, was es war. Erinnern Sie sich nur einfach an das letzte Mal, wo dies der Fall war.

   Vergegenwärtigen Sie sich diesen Augenblick. Erinnern Sie sich an die Begebenheit; versuchen Sie, sich Ihre Gefühle wieder ganz genau ins Gedächtnis zurückzurufen. Beantworten Sie dann folgende Fragen:

- Haben Sie Ihre Gefühle damals einer anderen Person gegenüber zum Ausdruck gebracht?
- Wenn ja, wie fühlten Sie sich danach?
- Warum wurden Ihre Gefühle, wenn Sie sie nicht zum Ausdruck gebracht haben, zurückgehalten?
- Wie fühlten Sie sich danach?

3. Was fühlen Sie heute, wenn es darum geht, anderen gegenüber das, was in Ihnen vorgeht, zum Ausdruck zu bringen?

	Wirklich okay	Ein bißchen verunsichert	Sehr unbehaglich
Wenn ich meine tiefsten Gefühle anderen gegenüber zum Ausdruck bringe, fühle ich mich			
Wenn ich die Dinge für mich behalte, fühle ich mich			
Wenn andere mir gegenüber ihre tiefsten Gefühle zum Ausdruck bringen, fühle ich mich			

Weiterführende Diskussion

Gefühle contra Emotionen

Seien Sie darum bemüht, Gefühle nicht mit Emotionen zu verwechseln.

Ihre Gefühle sind das, was Sie über eine Sache wissen. Ihre Emotionen sind das, was Sie mit dem machen, was Sie wissen.

Ein Gefühl ist Energie.

Eine Emotion ist Energie in Bewegung.

Zwischen beiden besteht ein Unterschied.

Ihr Gefühl ist Ihre Wahrheit. Sie ist präzise das, was und wie Sie in Bezug auf eine Sache fühlen, basierend auf dem, was Sie faktisch und intuitiv darüber wissen.

Da Gefühle das sind, was Sie über eine Sache wissen, werden sie immer Ihre Wahrheit sein, doch sind sie unter Umständen nicht *die* Wahrheit. Das heißt, sie mögen nicht das sein, was Sie früher als objektive Wahrheit bezeichnet hätten, vor allem dann nicht, wenn Sie sich nur das ansehen, was Sie faktisch wissen, und beiseite lassen oder ignorieren, was Sie intuitiv darüber wissen.

So etwas wie objektive oder faktische Wahrheit gibt es nicht in dieser Realität. Alle Wahrheit in dieser Welt wird durch den Kontext geschaffen, innerhalb dessen sie erfahren oder beobachtet wird.

Zum Beispiel ist innerhalb des Kontextes Ihres Lebens die Sonne »oben«, die Erde »unten«, und die Luft und der Himmel befinden sich dazwischen. Als Neil Armstrong zum Mond unterwegs war, gab es für ihn zweifellos viele Augenblicke, in denen die Sonne keineswegs »oben«, sondern »unten« war, und er vielleicht zur Erde »hinauf« geblickt hat. Oben und Unten sind relative Begriffe. Das können wir alle nachvollziehen. Was wir hingegen nicht begreifen (oder womit wir uns vielleicht ganz einfach nicht befassen wollen) ist die Tatsache, dass *alle* »Realität« relativ ist – was heißt, dass alle Wahrheit nur innerhalb eines Kontextes existiert – was wiederum heißt, dass überhaupt nichts *»wirklich und echt«* wahr ist.

Doch um unserem Leben einen Sinn zu geben, um ihm eine gewisse Ordnung zu verleihen, treffen wir eine Entscheidung, eine Wahl, was wir als objektive Wahrheit bezeichnen wollen.

Von daher werden Sie, wenn das, was Sie über eine Sache wissen (im Kontext der selbst erschaffenen objektiven Wahrheit Ihres Planeten), falsch oder unvollständig oder irreführend ist, ein falsches oder unvollständiges oder irreführendes »Gefühl« haben. Trotzdem bleibt es Ihre *Wahrheit.* Sie werden immer noch »wahrhaftig so fühlen«. Ihre

Können Sie den Unterschied zwischen Gefühlen und Emotionen erklären?

Gefühle werden nur ganz einfach nicht das sein, was innerhalb des größeren Kontextes Ihres Lebens objektiv wahr ist.

Als ich acht oder neun Jahre alt war, stieß mich einmal ein anderer Junge ins Wasser, und ich dachte, ich müsste ertrinken. Es war eine sowohl erschreckende wie auch peinliche Erfahrung, weil mich mein älterer Bruder und seine Freunde auslachten und verspotteten, denn ich hatte nicht bemerkt, dass ich die »Krise«, in der ich mich befand, ganz einfach hätte bewältigen können. Ich hätte nur aufstehen müssen, statt wie wild um mich zu schlagen, denn das Wasser, in das ich hineingestoßen worden war, war nur ein Meter tief!

Noch Jahre später, noch als Erwachsener, fürchtete ich mich sehr vor Wasser. Ich begab mich nie ans tiefe Ende eines Swimmingpools – aus Angst, zu ertrinken.

Dies ist ein Beispiel dafür, dass das, was ich innerhalb des Kontextes meines damaligen Lebens über eine Sache wusste (nämlich: »alle Gewässer sind gefährlich; du wirst ertrinken«), falsch oder unvollständig oder irreführend war. Doch das machte es nicht weniger zu meiner Wahrheit. *Ich fühlte mich wahrhaftig so!* Die objektive Wahrheit innerhalb des größeren Kontextes meines erwachsenen Lebens hingegen war die, dass auf der Seite des Swimmingpools, wo ich völlig gelähmt stand, das Wasser noch nicht einmal so tief war wie ich groß; dass sich nur ein paar Meter von mir entfernt zwei Rettungsschwimmer befanden; und dass es überall nur so vor Leuten wimmelte, die ganz offensichtlich exzellente Schwimmer waren – darunter auch meine eigene Frau, die mich sanft dazu drängte, meine Angst zu überwinden und ins Wasser zu steigen.

Dic objektive Wahrheit innerhalb des Kontextes meiner Welt war in diesem Augenblick die, dass ich wohl ganz klar nicht ertrinken würde, wenn ich am tiefen Ende dieses Swimmingpools ins Wasser ging. Doch meinen Sie, dass mir das erlaubt hätte, es auch zu tun? *Nie im Leben!*

Und gerade, als ich diese Gefühle hatte, kam jemand aus meinem Bekanntenkreis zu mir herüber, machte sich über meine Angst lustig, packte mich, zog mich an den Rand des Pools und drohte spielerisch, mich hineinzuwerfen. Ich drehte mich um und ließ eine Kanonade an Beschimpfungen vom Stapel, die an diesem Sonntagnachmittag die Heiterkeit der versammelten Leute ersterben und meine Frau sich abgrundtief für mich schämen ließ.

Ich hatte meiner Emotion nachgegeben.

Emotion ist die erschaffende Kraft, aber sie hat nichts mit dem zu tun, was wirklich so ist. (Wie auch sonst wenig, was wir im Leben erschaffen, damit zu tun hat.)

Emotion ist weder wahr noch falsch. Sie ist einfach Energie in Bewegung und somit *existiert* sie einfach.

Eine Emotion ist eine *Erfahrung*. Ein Gefühl ist ein *Wissen*.

Ihr *Gefühl* in Bezug auf etwas ist das, was Sie über eine Sache *wissen*. Wie Sie diese Gefühle *ausdrücken*, ist Ihre *emotionale Reaktion*, das heißt, Sie setzen *Energie in Bewegung*.

Emotion ist Energie in Bewegung. Wenn ihr Energie in Bewegung setzt, schafft ihr eine Auswirkung.

GMG I, Seite 93

Sie *müssen* nicht unbedingt angesichts eines Gefühls Energie in Bewegung setzen. Es ist Ihre Wahl, ob Sie es tun wollen oder nicht. Das wissen viele Menschen nicht. Sie verwechseln Gefühle mit Emotion und bilden sich ein, dass sie, *weil sie etwas wissen, diesbezüglich auch etwas unternehmen müssen.* Sie glauben, sie müssen Energie in Bewegung setzen. Und so haben sie eine *emotionale Reaktion* auf etwas. Sie haben einem Gefühl (einem Wissen) Emotion (sich bewegende Energie) hinzugefügt. Und das kann alle möglichen interessanten Ergebnisse herbeiführen.

Sie können *wissen* (fühlen), dass Sie eine Person lieben, aber Sie müssen nicht unbedingt *in einer Sache etwas unternehmen.* Erst wenn Sie das, was Sie *wissen* (was Sie fühlen), in *Handlung* (Energie in Bewegung) übersetzen, haben Sie eine »emotionale Reaktion«. Damit soll nicht gesagt sein, dass eine emotionale Reaktion schlecht ist. Der Begriff »schlecht« ist hier völlig fehl am Platz. Es gibt nur das, was *Ihrer Absicht, Ihrem Zweck oder Ziel dienlich ist* – oder nicht.

Ihre Absicht oder Ihr Ziel ist der Schlüssel zu allem. Und um wissen zu können, ob irgend etwas (einschließlich einer emotionalen Reaktion) Ihrer Absicht dienlich ist, müssen Sie wissen, worin Ihre Absicht besteht oder was Ihr Ziel ist. Wenn Sie sich im gegebenen Moment oder in einer gegebenen Situation (vom Leben insgesamt ganz zu schweigen) darüber nicht im Klaren sind, wird es Ihnen sehr schwer fallen, eine Entscheidung oder Wahl zu treffen, wie Sie handeln oder reagieren wollen: das heißt, wie Sie *sein* wollen.

Dieses *Sein* ist alles. Und somit ist diese Entscheidung, diese Wahl, keine geringe Sache.

Viele Menschen glauben, dass das »Sein« keine Sache

der Wahl ist: Sie glauben, dass wir sind, was wir sind, und gar nicht anders können; dass wir reagieren, wie wir eben reagieren, und gar nicht anders können; dass wir einfach »eine emotionale Reaktion haben«, und was soll daran verkehrt sein?

Daran ist natürlich nichts verkehrt, wie gerade dargelegt wurde. Aber ob es Ihnen *dienlich* ist – das ist eine andere Geschichte.

Weiterführende Diskussion

Beim Fällen von Entscheidungen auf Gefühle hören

Wenn Gefühle die Sprache der Seele sind, dann tun wir gut daran, auf unsere Gefühle zu hören, wenn wir eine Entscheidung zu fällen haben. Doch wir müssen darauf achten, dass wir nicht auf unsere *Informationsdaten* hören und diese als unsere Gefühle bezeichnen. Daten haben ihren Sitz im Geist. Gefühle sind die Sprache der Seele. Daten sind kein Gefühl, sie sind ein Stück Information.

Wenn wir auf *Daten* hören, das heißt, auf alles, was wir auf der Grundlage von vorangegangenen Erfahrungen über eine Sache zu »wissen« glauben, treffen wir oft die eine Art von Wahl. Wenn wir auf *Gefühle* hören, treffen wir oft eine andere Wahl. Angst ist eine *Emotion*, die sich auf Daten gründet, die ihren Ursprung im Geist haben. Liebe ist ein *Gefühl*, das sich auf das Sein gründet, das seinen Ursprung in der Seele hat.

Die Botschaften der Seele werden nur dann in höchster Klarheit empfangen, wenn wir uns *in unserem Bewusstsein* direkt auf die Ebene der Seele begeben haben, unter Umgehung des Geistes oder rationalen Verstands und all dessen Belange und Erwägungen, um die Wahrheit unseres Seins zu erfahren. (Das heißt, die Wahrheit dessen, was wir jetzt *sind.)*

Übung

Erinnern Sie sich an Ihre letzten drei *größeren* Entscheidungen. Nutzen Sie die Vorlagen, um sie zu analysieren.

Meine letzten drei größeren Entscheidungen

1. Am ______________ entschied ich mich ________________
(Tag oder Jahr)
____

2. Am ______________ entschied ich mich ________________
(Tag oder Jahr)
____

3. Am ______________ entschied ich mich ________________
(Tag oder Jahr)
____

Warum ich diese Entscheidung traf

Ich traf Entscheidung Nr. 1, weil ________________________
____

Ich traf Entscheidung Nr. 2, weil ________________________
____

Ich traf Entscheidung Nr. 3, weil ________________________
____

In der Rückschau sehe ich, welcher Art die jeweilige Entscheidung war:

	Geist	**Seele**
Entscheidung Nr. 1	☐	☐
Entscheidung Nr. 2	☐	☐
Entscheidung Nr. 3	☐	☐

Welche Entscheidungen überwiegen?	**Geist**	**Seele**
Eine Entscheidung (33%)	☐	☐
Zwei Entscheidungen (66%)	☐	☐
Drei Entscheidungen (100%)	☐	☐

Was sagt Ihnen das über Sie selbst? Glauben Sie, dass diese Verteilung auch für Ihre zehn letzten wichtigen Entscheidungen gilt?

Ergebnisanalyse

Wie sich die Dinge meiner Hoffnung nach gestalten sollten

Entscheidung Nr. 1: ______________________________

____

____

Entscheidung Nr. 2: ______________________________

____

____

Entscheidung Nr. 3: ______________________________

____

____

Wie sich die Dinge tatsächlich gestalten

Entscheidung Nr. 1: ______________________________

____

____

Entscheidung Nr. 2: ______________________________

____

____

Entscheidung Nr. 3: ______________________________

____

____

Weiterführende Diskussion
Wie sich herausfinden lässt, »was was ist«.

Die obige Übung hat Ihnen wahrscheinlich klar gemacht, dass nicht immer so einfach zu erkennen ist, »von welchem Ort aus« wir unsere Entscheidungen und unsere Wahl treffen.

Hören Sie auf die Stimme in Ihrem Kopf? Oder leisten Sie dem Drängen Ihrer Seele Folge?

Um hier zu unterscheiden, bedenken Sie Folgendes: Das, was Ihr Geist oder Verstand weiß, ist das, was Sie faktisch wissen. Das, was Ihre Seele weiß, ist das, was Sie faktisch *und intuitiv* wissen. Und Ihre aus der Intuition herrührende Information kann tatsächlich sehr viel umfassender sein als Ihre faktische Information. Aus diesem totalen Gewahrsein geht Ihr *Gefühl* hervor.

Da wird es aber so manche geben, die einwenden, dass auch ihre »Intuition« sie zuweilen zum Narren gehalten hat. Und das stimmt. Dieses Gespräch mit Gott ist eine sehr delikate Angelegenheit. Auch in dem Bereich, der sich wie »Intuition« ausnimmt, erhalten wir Botschaften, die zuweilen zu einem Irrtum führen können.

Wie können wir also wissen? Was sollen wir also tun? Auf wen oder was sollen wir »hören«? Sehen wir, was *Gespräche mit Gott* dazu zu sagen hat.

Hier ist Urteilskraft gefordert. Die Schwierigkeit besteht im Erkennen des Unterschieds zwischen den Botschaften Gottes und den Informationen aus anderen Quellen. Diese Unterscheidung bereitet keine Schwierigkeit, sofern eine Grundregel beherzigt wird.

Von mir kommt dein erhabenster Gedanke, dein klarstes Wort, dein edelstes Gefühl. Alles, was weniger ist, entstammt einer anderen Quelle. GMG I, Seite 22

Wir hatten gesagt, dass Sie den Geist oder Verstand außen vor lassen sollen. Und jetzt sprechen wir hier von Ihrem »erhabensten Gedanken«. Das bringt uns zu einer komplexen Frage. Sind Gedanke/ Denken und Geist/Verstand dasselbe?

Denkpause

Aufgabe

Schauen Sie, wie Sie JETZT Ihre Entscheidungen und Ihre Wahl treffen. Sehr wahrscheinlich werden Sie im Lauf der nächsten Woche wenigstens eine einigermaßen wichtige Entscheidung zu fällen haben. Möglicherweise sehen Sie sich gerade im Augenblick vor eine wichtige persönliche Wahl gestellt. Benutzen Sie die folgenden Vorlagen, um nachzuvollziehen, von »welchem Ort aus« und auf welche Weise Sie gegenwärtige Entscheidungen fällen und eine Wahl treffen. Bei der ersten Vorlage geht es um eine Wahl, vor die Sie sich »in diesem Moment« gestellt sehen. Die zweite ist für den Gebrauch in der folgenden Woche bestimmt. Sie ist sozusagen ein »Tagebuch der Entscheidungen«.

Im Moment sehe ich mich vor folgende Wahl gestellt ...

____

____

____

Wenn ich von meinem Geist (vorhergehende Daten) ausgehe, bekomme ich Folgendes ...

____

____

____

Wenn ich von meiner Seele (intuitives Gefühl) ausgehe, bekomme ich Folgendes ...

____

____

____

Wenn ich mir das ansehe, stelle ich fest, zwischen beiden besteht:

Kein Unterschied ☐
Ein kleiner Unterschied ☐
Ein großer Unterschied ☐

Ich sehe folgende Unterschiede:

Geist ____

____

____

Seele ____

____

____

In dieser Woche werde ich die Gelegenheit haben, zumindest eine oder zwei wichtige Entscheidungen zu treffen. Ich weiß zwar jetzt noch nicht, welcher Tag mir diese Gelegenheiten bieten wird, aber ich werde den Tag und den »Ausgangsort« meiner getroffenen Entscheidung oder Wahl festhalten.

(Falls Sie in einer Gruppe oder in einem Seminar mit diesem Arbeitsbuch arbeiten, bringen Sie diese »Hausaufgabe« mit, um darüber zu sprechen.)

MONTAG

Eine Wahl oder Entscheidung, die ich heute zu treffen hatte

____

____

____

Dabei war mein Ausgangsort: Geist ☐ Seele ☐

DIENSTAG

Eine Wahl oder Entscheidung, die ich heute zu treffen hatte

____

____

____

Dabei war mein Ausgangsort: Geist ☐ Seele ☐

MITTWOCH

Eine Wahl oder Entscheidung, die ich heute zu treffen hatte

____

____

____

Dabei war mein Ausgangsort: Geist ☐ Seele ☐

DONNERSTAG

Eine Wahl oder Entscheidung, die ich heute zu treffen hatte

____

____

____

Dabei war mein Ausgangsort: Geist ☐ Seele ☐

FREITAG

Eine Wahl oder Entscheidung, die ich heute zu treffen hatte

____

____

____

Dabei war mein Ausgangsort: Geist ☐ Seele ☐

SAMSTAG

Eine Wahl oder Entscheidung, die ich heute zu treffen hatte

____

____

____

Dabei war mein Ausgangsort: Geist ☐ Seele ☐

SONNTAG

Eine Wahl oder Entscheidung, die ich heute zu treffen hatte

____

____

____

Dabei war mein Ausgangsort: Geist ☐ Seele ☐

ZUSAMMENFASSUNG

Ich würde die Ergebnisse wie folgt zusammenfassen:

1.3 Seien Sie bitte nicht »bei Verstand«

Wir haben gesagt: »Lassen Sie Ihren Geist oder Verstand außen vor!« Und jetzt sprechen wir von Ihrem »erhabensten Gedanken«. Das bringt uns zu einer komplexen Frage: Sind Gedanke/Denken und Geist/Verstand dasselbe?

Die Antwort ist nein. Deshalb kann man sagen, dass Sie nicht »bei Verstand« sein sollen. Sie müssen sich außerhalb Ihres Verstandes begeben und Ihre Seele suchen, um Ihren erhabensten Gedanken in Erfahrung zu bringen.

Ihr Denken ist eine *Handlung*. In dem Moment, in dem Sie denken, handeln Sie. Sie erschaffen etwas. Alles Denken besitzt schöpferische Kraft.

Und ebenso ist ein Wort eine *Handlung*. In dem Moment, in dem Sie sprechen, handeln Sie. Alle Worte besitzen schöpferische Kraft.

Und natürlich sind alle Taten *Handlungen*. In dem Moment, in dem Sie etwas tun, erschaffen Sie etwas. Alles Tun besitzt schöpferische Kraft.

Jedem Gebet – jedem Gedanken, jeder Aussage, jedem Gefühl – wohnt eine schöpferische Kraft inne.

GMG I, Seite 93

Ihr Denken, Ihr Gedanke erzeugt das, was Sie mit der Energie, die Sie sind, *erschaffen*. Und das tut auch Ihr Wort. Und ebenso Ihre Taten.

Es ist wichtig, dass Sie diesen Unterschied zwischen Gedanke/Denken und Geist/Verstand verstehen, denn sonst sind Sie versucht zu meinen, sie seien ein und dasselbe.

Leitgedanke 3
Gedanke, Wort und Tat sind die drei Ebenen der Schöpfung.

Der Geist/Verstand erschafft nicht, doch der Gedanke tut es. Man sagt, dass wir in unserem Geist erschaffen. Und das stimmt. Wir erschaffen *in* unserem Geist *mit Energie unseres Denkens.*

Gedanken sind reine Energie. Jeder Gedanke, den Sie haben, je hatten und je haben werden, besitzt schöpferische Kraft. GMG I, Seite 93

Um es also noch einmal zu sagen: Gedanken, Worte und Taten sind die Energien – oder Ebenen – der Schöpfung. Jede Ebene bedarf einer anderen Art physikalischer Energie.

Es gibt keinen Menschen, der diese Wahrheit nicht erfahren hat, doch es gibt viele, die nicht wissen, dass sie sie erfahren haben. Manche erschaffen bewusst – im bewussten Gewahrsein von diesem Prozess. Doch hingegen leben welche ihr Leben unbewusst.

Der Schlüssel für unsere Bewusstseinsebene ist das Gewahrsein unseres stiftenden Gedankens.

Übung

Denken Sie an einen Fall, wo Sie einen bestimmten Gedanken hatten und dieser dann wahr wurde. Sprechen Sie darüber in Ihrer Gruppe, oder schreiben Sie kurz etwas darüber.

Ich erinnere mich an einen Fall, als ich den folgenden Gedanken hatte …

____

____

____

____

…dann ereignete sich Folgendes …

____

____

____

____

Denken Sie nun an einen Fall, wo Sie sich etwas sehr stark wünschten, und dieser Wunsch in Erfüllung ging; oder als Sie etwas visualisierten, das dann genau so eintraf, wie Sie es vor Ihrem geistigen Auge gesehen hatten.

Wie fühlte sich das an?

Haben Sie hinterher gedacht, dass Ihr Wunsch oder Ihre Visualisierung etwas mit der Art und Weise, wie sich die Dinge in der Folge gestalteten, zu tun hatten?
Wie denken Sie heute darüber?

In *Gespräche mit Gott* wird gesagt, dass das Denken schöpferische Kraft besitzt. Glauben Sie das? Wenn Sie es glauben und wenn jemand Sie fragte: »Auf welche Weise ist das Denken schöpferisch wirksam?« – was würden Sie antworten?

Schreiben Sie Ihre Antwort auf:

Lesen Sie die Seiten 144–148 in GMG I noch einmal durch. Diskutieren Sie das Material ausführlich mit Ihrer Gruppe. Wenn Sie allein arbeiten, dann lesen Sie diese Seiten sorgsam durch.

Denkpause

Aufgabe

Untersuchen Sie die Rolle, die Ihr Denken über eine Sache bislang gespielt hat – wenn es überhaupt eine Rolle spielt. Negative und positive Ergebnisse sind Teil des Alltagslebens. Wir alle können locker mit einer langen Liste von Beispielen für beides in unserem Leben aufwarten. Führen Sie im Folgenden ein paar Beispiele für beides auf, um zu sehen, ob sie sich an Ihre Gedanken kurz vor dem Eintreten dieser Ereignisse erinnern können.

Führen Sie die fünf letzten Fälle von »negativen Ergebnissen« auf, an die Sie sich erinnern können. (Z. B. »Ich wurde entlassen«, »Mein Mann/meine Frau hat mich verlassen«, »Ich wurde krank«, »Ich bekam die Arbeitsstelle nicht« etc.)

1. ____________________
2. ____________________
3. ____________________
4. ____________________
5. ____________________

Schauen Sie sich nun einen Fall nach dem anderen an und sehen Sie, ob Sie sich an die Gedanken erinnern können, die Sie kurz vor dem Eintreten der Begebenheit hatten. Schreiben Sie diese Gedanken auf.

Negatives Ergebnis Nr. 1: ____________________

Ich entsinne mich, dass ich davor folgenden Gedanken dazu hatte: ____________________

____

Negatives Ergebnis Nr. 2: ____________________

Ich entsinne mich, dass ich davor folgenden Gedanken dazu hatte: ____________________

____

Negatives Ergebnis Nr. 3: ____________________

Ich entsinne mich, dass ich davor folgenden Gedanken dazu hatte: ____________________

____

Negatives Ergebnis Nr. 4: ______________________________
Ich entsinne mich, dass ich davor folgenden Gedanken dazu hatte: ______________________________

____

Negatives Ergebnis Nr. 5: ______________________________
Ich entsinne mich, dass ich davor folgenden Gedanken dazu hatte: ______________________________

____

Führen Sie die fünf letzten Fälle von »positiven Ergebnissen« auf, an die Sie sich erinnern können.

1. ______________________________
2. ______________________________
3. ______________________________
4. ______________________________
5. ______________________________

Schauen Sie sich dazu die einzelnen Fälle an und überlegen Sie, welche Gedanken Sie kurz vor dem Eintreten der jeweiligen Begebenheit hatten. Schreiben Sie diese Gedanken auf.

Positives Ergebnis Nr. 1: ______________________________
Ich entsinne mich, dass ich davor folgenden Gedanken dazu hatte: ______________________________

____

Positives Ergebnis Nr. 2: ______________________________
Ich entsinne mich, dass ich davor folgenden Gedanken dazu hatte: ______________________________

____

Positives Ergebnis Nr. 3: ______________________
Ich entsinne mich, dass ich davor folgenden Gedanken dazu hatte: ______________________

____

Positives Ergebnis Nr. 4: ______________________
Ich entsinne mich, dass ich davor folgenden Gedanken dazu hatte: ______________________

____

Positives Ergebnis Nr. 5: ______________________
Ich entsinne mich, dass ich davor folgenden Gedanken dazu hatte: ______________________

____

Wenn Sie mit diesem Teil der Aufgabe fertig sind, gehen Sie den folgenden Fragen nach. Machen Sie sich ein paar Notizen zu den Antworten und besprechen Sie sie in Ihrer Gruppe. Wenn Sie allein arbeiten, schreiben Sie Ihre Antworten ausführlich nieder.

1. An welche Fälle konnten Sie sich leichter erinnern und eine Liste anfertigen – an die positiven oder an die negativen Erfahrungen?

   ____

2. Was, wenn überhaupt, sagt Ihnen das über Sie selbst?

   ____

   ____

   ____

3. Sie haben in jeder Kategorie fünf Fälle aufgeführt. Wenn Sie jeder Erfahrung 20 Prozent zumessen, wie viel

Prozent von Ihren negativen Erfahrungen ging ein Gedanke an oder die Angst vor einem negativen Ergebnis voraus? _____ %

4. Wie viel Prozent von Ihren aufgeführten positiven Erfahrungen ging ein Gedanke an oder eine freudige Vorahnung von einem positiven Ergebnis voraus? _____ %

5. Wie oft machen Sie sich Sorgen?

Sehr oft	☐	Ab und zu	☐
Ziemlich oft	☐	Sehr selten	☐

Führen Sie bitte Ihre Antwort weiter aus, beschreiben Sie, wann Sie sich Sorgen machen und was das für eine Erfahrung für Sie ist.

____

____

____

____

6. Haben Sie häufig ein »ein freudiges Vorgefühl« oder eine »freudige Erwartung«?

Sehr oft	☐	Ab und zu	☐
Ziemlich oft	☐	Sehr selten	☐

Führen Sie bitte Ihre Antwort weiter aus, beschreiben Sie, wann, wenn überhaupt, Sie diese freudigen Erfahrungen haben und was das für eine Erfahrung für Sie ist.

____

____

____

____

1.4 Und nun ein Wort über unseren »Paten«

Der Schlüssel für unsere Bewusstseinsebene ist das Gewahrsein unseres stiftenden Gedankens. Sie wissen vielleicht um Ihre Alltagsgedanken über die Dinge, aber es ist sehr unwahrscheinlich, dass Sie sich des *allerersten* Gedankens, den Sie über diese Dinge hatten, bewusst sind. Doch der war möglicherweise der wichtigste Gedanke, den Sie zu irgendeinem Thema hatten, weil es sich dabei wahrscheinlich um den gegenwärtig wirksamen *stiftenden Gedanken* handelt. Er fördert, unterstützt und umhüllt jeden anderen Gedanken, den Sie zu einem Thema haben – bis er es nicht mehr tut.

Die Konzeption des stiftenden Gedankens wurde auf Seite 33 in Band 1 von *Gespräche mit Gott* eingeführt. Sie beantwortet eine Frage, die sich die Menschen schon jahrelang gestellt haben: Wenn der Gedanke schöpferische Kraft hat und wenn ich meine Vorstellung, mein Denken über eine Sache ändere – warum *nehme ich dann keine Veränderung wahr in dem, was ich erschaffe?*

Wie sich herausstellt, *reicht es nicht, wenn Sie Ihren letzten Gedanken über etwas ändern.* Sie müssen sich erst mit Ihrem stiftenden Gedanken befassen.

Doch du musst wissen – und das ist das Geheimnis –, dass es immer der Gedanke hinter dem Gedanken, jener Gedanke, der sozusagen Pate steht, der »stiftende Gedanke« ist, der beherrscht wirksam wird. GMG I, Seite 33

Ihr stiftender Gedanke ist gewöhnlich der allererste Gedanke – der erste ernsthafte Gedanke – den Sie in Bezug auf etwas hatten. Dazu müssen Sie unbedingt wissen, dass Sie diesen stiftenden Gedanken nicht ausradieren oder ausstreichen können. Wenn er erst einmal da ist, dann ist er da. Doch Sie können Ihrem stiftenden Gedanken etwas *hinzufügen*. Das heißt, Sie können ihn *erweitern*, um neue Informationen mit einzuschließen. Dieses Arbeitsbuch soll Sie zu Ihren Erfahrungen und dadurch zu neuen Informationen führen. Wir unternehmen hier also den Versuch, Ihren stiftenden Gedanken über alles zu erweitern oder umfassender werden zu lassen. Wenn Sie sich Ihre gegenwärtigen stiftenden Gedanken ansehen, müssen Sie wissen, dass es hier nur zwei Arten oder Typen gibt.

Leitgedanke 4
Es gibt nur zwei stiftende Gedanken: Angst und Liebe.

In GMG wird gesagt, dass es nur zwei Orte gibt, von denen alle Gedanken ausgehen. Es sind die beiden Enden der großen Polarität – Alpha und Omega –, welche die Existenz des von uns »Relativität« genannten Systems ermöglichen. Jeder menschliche Gedanke und jedes menschliche Handeln gründet sich entweder auf Liebe oder auf Angst.

Diese beiden Energien werden in GMG klar definiert, so dass es darüber kein Missverständnis geben kann – und somit auch keinen Irrtum darüber, aus welcher der beiden sich unsere Vorstellungen, Entscheidungen und Handlungen speisen. Die Polarität von Liebe und Angst bildet die Basis für das Gesetz der Gegensätze, ein Gesetz, dem alles physische Leben unterliegt.

Übung

Suchen Sie die Stellen, wo in *Gespräche mit Gott* die als Liebe und Angst bezeichneten Energien definiert werden. Lesen Sie diese Definitionen noch einmal durch, um größere Klarheit zu gewinnen.
Erweitern Sie nun auf der Grundlage Ihrer eigenen Erkenntnisse diese Definitionen.

Mein eigenes Leben hat mich gelehrt, dass ...
Angst die Energie ist, die ... ______________________

____

____

Liebe die Energie ist, die ... ______________________

____

Nicht nur die Handlungen von Einzelpersonen sind auf Liebe oder Angst gegründet, sondern auch die Entscheidungen, die sich auf das Geschäftsleben, die Industrie, die Politik, Religion, das Erziehungswesen, die Ökonomie und alles, was sich in einer Gesellschaft abspielt, auswirken.

Lesen Sie die Seiten 43–46 in GMG I noch einmal durch. Diskutieren Sie das Material ausführlich in Ihrer Gruppe. Wenn Sie allein arbeiten, lesen Sie diese Seiten sehr sorgfältig.

STOPP

Denkpause

Aufgabe

Nehmen Sie die heutige Zeitung zur Hand. Wählen Sie zehn Artikel aus und analysieren Sie diese Geschichten.

Dies ist eine Übung, um festzustellen, von welchem Ort aus die Menschheit ihre Angelegenheiten handhabt. Lesen Sie nicht nur die erste Seite. Jeder weiß, dass dort nur die »schlechten« Nachrichten stehen. Gehen Sie die ganze Zeitung durch. Überprüfen Sie auch den Wirtschaftsteil. Schauen Sie sich die Kultur-Seite an. Werfen Sie einen Blick auf die Sportnachrichten.

Wie hoch ist der Prozentsatz an Geschichten, die Handlungen, Entscheidungen, Beschlüsse oder Meinungen widerspiegeln, die sich auf die Angst gründen? Und wie viele Geschichten haben ihre Wurzeln in der Liebe?

Bereiten Sie sich darauf vor, in Ihrer nächsten Gruppensitzung darüber zu sprechen, oder kommentieren Sie das in Ihrem Journal.

Überprüfen Sie nun andere Quellen, die Ihrer Meinung nach dabei helfen können, zu einer umfassenderen Sicht von der menschlichen Erfahrung zu gelangen. Sehen Sie sich ein paar Zeitschriften an. Lesen Sie in einem Geschichtsbuch. Stellen Sie fest, wie viele der in diesen Publikationen beschriebenen Entscheidungen, Beschlüsse, Handlungen und Meinungen in die beiden genannten Kategorien fallen.

Nehmen Sie nun alles, was Ihrem Gefühl nach in die Kategorie Angst fällt, zusammen und schauen Sie es sich noch einmal an. Fragen Sie sich, was sich geändert hätte, wenn hier Liebe der stiftende Gedanke gewesen wäre; wie hätte die Geschichte anders enden können? (Sie werden dieses Gedankenspiel besonders faszinierend finden, wenn es sich um ein Geschichtsbuch handelt.)

Machen Sie sich Notizen in Ihrem Journal und bringen Sie diese Informationen gegebenenfalls zur nächsten Gruppensitzung mit, um darüber zu diskutieren.

1.5 Mögen Sie das Gegenteil von dem, was Sie mögen

Die Polarität von Liebe und Angst bildet die Basis für das Gesetz der Gegensätze, dem alles physische Leben unterliegt.

In *Gespräche mit Gott* wird immer wieder auf dieses Gesetz hingewiesen und erklärt, dass wir ohne dieses Gesetz gar nicht erfahren könnten, wer-wir-wirklich-sind. Etwas wissen und etwas erfahren sind zwei verschiedene Dinge. Der reine Geist sehnte sich danach, sich auf der Erfahrungsebene kennenzulernen. Ein Bewusstsein auf der begrifflichen Ebene war ihm nicht genug. Doch Bewusstsein auf der begrifflichen Ebene, begriffliches Gewahrsein – reine *Wissendheit* – ist der Zustand der Dinge im Reich des Absoluten. Außer dem reinen Sein gibt es dort nichts. So wurde das physikalische Universum als ein Bereich erschaffen, in dem wir uns als das, was-wir-wirklich-sind, über die Erfahrung dessen, was wir nicht sind, kennen lernen können.

Wir müssen uns erst als das erkennen, was wir *nicht* sind, um erfahren zu können, was-wir-sind.

Nachdem ihr, meine geistigen Kinder, erst einmal im physikalischen Universum existiertet, konntet ihr erfahren, was ihr über euch selbst wisst – aber zunächst musstet ihr das Gegenteil kennen lernen. GMG I, Seite 54

Das ist das nächste größere Thema, das in *Gespräche mit Gott* angegangen wird. Die Polarität von Liebe und Angst wird nicht nur definiert, auch ihr Sinn und Zweck wird erläutert. Damit kommen wir zum nächsten Grundgedanken:

Leitgedanke 5
In der Abwesenheit dessen, was ihr nicht seid, ist das, was ihr seid, nicht.

Damit ist gemeint, dass im physikalischen Bereich alle Dinge in heiliger wechselseitiger Beziehung zueinander stehen. Alle Dinge sind durch das, was sie nicht sind, definiert. Oder, wie in GMG (S. 54) steht: »Ihr könnt euch nicht selbst als groß gewachsen erkennen, solange euch nicht bewusst ist, dass es auch die Kleinwüchsigkeit gibt. Ihr könnt nicht den Teil von euch, den ihr dick nennt, erfahren, solange ihr nicht auch das Dünne kennt. Daraus ergibt sich letztlich die logische Schlussfolgerung, dass ihr euch nicht als die, die ihr seid, erfahren könnt, solange ihr nicht dem begegnet seid, was ihr *nicht* seid.«

Übung

Lesen Sie die Seiten 49–56 in Band 1 von *Gespräche mit Gott* noch einmal durch. Wechseln Sie sich, wenn Sie in einer Arbeitsgruppe sind, beim Vorlesen ab. Wenn Sie zu Hause arbeiten, lesen Sie sich die Seiten laut vor und lassen Sie ein Tonband mitlaufen. Spielen Sie dann die Kassette ab, sodass Sie die Worte noch einmal über das Gehör in sich aufnehmen können.

Nehmen Sie nun für die folgenden Übungen Ihr Journal vor. Wenn Sie in einer Arbeitsgruppe arbeiten, sollten mehrere Personen die Fragen beantworten.

1. Führen Sie einige physische Aspekte der vielen »Dinge, die Sie sind« auf – korpulent, groß, klein, dünn, hellhaarig, dunkelhaarig, schnell, langsam usw. Mit anderen Worten, geben Sie eine Beschreibung der physischen Merkmale Ihrer Person ab. Fragen Sie sich dann, woher Sie das wissen.
2. Benennen Sie nun drei nicht physische »Dinge, die Sie sind« – mitfühlend, humorvoll, kreativ, geduldig, freundlich usw. Schauen Sie dann, woher Sie wissen, dass Sie diese Eigenschaften haben. Denken Sie einfach einen Augenblick darüber nach.

Denkpause

Weiterführende Diskussion

Warum »guten Menschen« »schlechte Dinge« widerfahren

Warum etwas so sein muss, wie es ist, gehört zu den Dingen im Leben, die am schwersten zu verstehen sind. Sprich: Warum widerfahren »guten Menschen« anscheinend so viele »schlechte Dinge«? Doch wenn Sie sich lange genug mit der letzten Übung befasst und genau hingesehen haben, haben Sie vielleicht allmählich ein Muster entdeckt. Einen Prozess. Eine »Art und Weise wie die Dinge sind«, die einen Sinn zu machen beginnt.

Hier kommt ein metaphysisches Prinzip ins Spiel, nämlich: In dem Augenblick, in dem Sie erklären, irgendetwas zu sein, *wird alles, was im Gegensatz dazu steht, in Ihr Leben eintreten.*

Das ist das Gesetz der Gegensätze, auf das in *Gespräche mit Gott* Bezug genommen wird. Lesen Sie die Parabel von der kleinen Seele und der Sonne auf Seite 63/64 in Band 1, um dieses Gesetz besser zu verstehen.

Dieses Gesetz besagt, dass Sie nicht ein Ding »sein« können in der Abwesenheit des Dings, das Sie *nicht* sind. Ihnen kann nicht »warm« sein, wenn Ihnen nie »kalt« war. Sie können nie »oben« sein, wenn Sie nie »unten« waren. Wenn Sie erklären, dass Sie »geduldig« sein werden, können Sie sicher sein, dass sich alles, was im Gegensatz zur Geduld steht, in Ihr Leben einschleichen wird. Ihnen wird reichlich Gelegenheit gegeben werden, das kennenzulernen und zu erfahren, was Sie Ihrer Erklärung nach sind.

Haben Sie je erklärt, dass Sie es satt haben, ständig zu wenig Geld zu haben, und dass Sie »von jetzt an in der *Fülle* leben werden«, nur um festzustellen, dass Sie mehr Geldprobleme haben als je zuvor?

Hier ist das Gesetz der Gegensätze am Wirken. Sie können sich stets darauf verlassen.

Nun, das »Heilmittel« besteht nicht darin, dass Sie sich wünschen, die Dinge sollen anders geschehen; es besteht darin, dass Sie auf das Geschehen anders reagieren. Ja, es geht darum, dass Sie gar nicht *reagieren*, sondern vielmehr *erschaffen*.

Wir *re-agieren* auf eine Situation, wenn wir so handeln, wie wir es schon einmal getan haben. Wir *erschaffen*, wenn wir die Dinge richtig sehen und uns auf völlig neue Weise verhalten – so als hätte sich dergleichen noch nie zuvor ereignet.

Dieses neue Verhalten ist eine machtvolle Antwort. Sie *antworten* auf das, was sich ereignet, statt zu *reagieren*. Sie proklamieren Ihre Verantwortung in der Situation, das heißt, Ihre *Fähigkeit*, auf sie zu antworten. Wenn Sie das tun, entscheiden *Sie* darüber, wie Sie sein und sich selbst haben wollen, statt sich auf eine Weise zu verhalten. Ihr Sein auf eine Weise zu handhaben, die nicht zum Ausdruck bringt, wer-Sie-sind und wer zu sein Sie wählen.

> *Können Sie sich an einen Fall in Ihrem Leben erinnern, bei dem dieses Gesetz zur Auswirkung kam? Wie haben Sie darauf reagiert?*

Lassen Sie sich nie auf einen »Seinszustand« ein, den Sie nicht wählen und haben wollen. Wenn Sie das tun, handhaben Sie Ihr Sein schlecht! Ich schlage vor, dass Sie Ihr Sein immer nett und liebenswürdig handhaben. Das führt zu einem weitaus glücklicheren Leben. Aber denken Sie daran: Bombardieren Sie sich nie mit einem »du solltest«!

Denkpause

Experiment

Besinnen Sie sich auf einige häufig vorkommende Ereignisse in Ihrem Leben, auf die Sie im allgemeinen negativ »reagieren«. Verwenden Sie dafür die folgende Vorlage.

Entscheiden Sie nun *vorab*, wie Sie das nächste Mal, wenn diese Ereignisse eintreten, ihre gewählte Art und Weise zu »sein« »erschaffen« werden. Bei diesem Experiment geht es um bewusste Schöpfung.

Wir haben Ihnen als Hilfestellung ein paar Beispiele vorgegeben.

Häufige Begebenheiten	**Meine übliche Reaktion** wenn diese Dinge passieren	**Meine neue Reaktion** wenn sie das nächste Mal passieren
Jemand nimmt mir die Vorfahrt		
Ich bin bei einem Angebot übers Ohr gehauen worden und kann nun mein Geld nicht wieder zurückbekommen		
Mein Ehemann/ meine Ehefrau (Partner, Freund) kommt wie immer zu spät und bereitet mir dadurch große Unannehmlichkeiten		

1.6 Können Sie dem Versprechen Gottes Glauben schenken?

Erlegen Sie sich nie ein »du solltest, du musst« auf.

Das ist die größte Lektion in Kapitel 1 von Band 1 der *Gespräche mit Gott*. Es gibt nichts, was Sie sein, tun oder haben »müssen«, um »Gott zu gefallen.« Die Gelegenheit, im Rahmen des letzten Experiments bestimmte Verhaltensmuster zu ändern, wurde Ihnen nicht gegeben, weil diese Verhaltensänderungen von Ihnen »erwartet« werden. Sie wurde Ihnen gegeben, um Ihnen die *Möglichkeiten* des Lebens, nicht die *Forderungen*, aufzuzeigen.

Es *gibt* keine Forderungen im Leben. Nicht von Gott. Und in Wahrheit auch von keinem anderen.

In der Welt Gottes gibt es kein »du solltest« oder »du solltest nicht«. Tu, was du tun willst. Tu, was dich in einer großartigeren Version deines Selbst widerspiegelt, sie repräsentiert. GMG I, Seite 70

Die Konzeption des freien Willens ist für viele Menschen schwer zu begreifen. Sie *sagen* zwar, dass sie an einen Gott glauben, der ihnen den »freien Willen« gegeben hat, aber sie glauben nicht wirklich daran – und *handeln* schon gar nicht danach.

Einer der herausforderndsten Grundgedanken in *Ge-*

spräche mit Gott ist der, dass es Gott verdammt egal ist, was wir tun. Und das ist ganz buchstäblich gemeint. Gleich was wir tun, Gott schert sich nicht darum und verdammt es auch nicht. *Er schenkt nur Segnungen, denn*

Leitgedanke 6
So etwas wie »richtig« oder »falsch« gibt es nicht.

Wir wurden den Großteil unseres Lebens über einen zornigen Gott belehrt, einen Gott, der Vergeltung übt, der es uns »heimzahlt«, wenn wir uns nicht auf eine Art und Weise verhalten, die er billigt.

Laut GMG ist das eine Irrlehre. »Ich habe nie ein ›Richtig‹ oder ›Falsch‹, ein ›Tu das‹ oder ›Tu das nicht‹ festgelegt«, sagt Gott in dem Text. Glauben Sie, dass Gott das auch so meint? Kann das wahr sein? Was ist Gottes Begründung dafür, dass er uns keine Richtlinien dafür an die Hand gibt, wie wir seinem Wunsch nach leben sollen?

Übung

Lesen Sie die Seiten 70–76 in GMG I in Ihrer Arbeitsgruppe laut vor. Wenn Sie allein arbeiten, nehmen Sie diese Seiten auf Tonband auf und hören Sie sie dann ab. Beantworten Sie danach folgende Fragen schriftlich in Ihrem Journal oder in der Gruppe. – Auch wenn Sie diese Fragen laut in Ihrer Arbeitsgruppe beantworten, dann schreiben Sie Ihre Antworten anschließend zu Hause in Ihrem Journal noch einmal auf. Sie mögen zu den wichtigsten Fragen in diesem ganzen Arbeitsbuch gehören.

1. Wie – wenn überhaupt – wäre Ihr Leben anders verlaufen, wenn Sie in den letzten zwanzig Jahren eine Philosophie des »Erlege dir nie ein ›du solltest‹ auf« vertreten und gelebt hätten?
2. Sehen Sie sich im Moment vor irgendwelche Entscheidungen gestellt, die durch diese Philosophie beeinflusst werden könnten? Auf welche Weise verändert oder welche Auswirkungen hat sie auf die Optionen, die Sie in Betracht ziehen?
3. Können Sie sich irgendeine Möglichkeit vorstellen, wie dieser Teil der Botschaft von GMG Ihr künftiges Leben verändern könnte?

Weiterführende Diskussion
Was ist Gottes Absicht?

Worauf will Gott, wenn er hinsichtlich unseres Verhaltens keine Vorlieben hat, uns keine Einschränkungen, Regeln oder Vorschriften in Bezug auf unsere Lebensführung auferlegt, denn dann eigentlich hinaus? Warum hat er uns hierher gebracht, und was erwartet er überhaupt von uns? Das möchte der Verstand gerne wissen. Darüber hat der Mensch seit Anbeginn der Zeit nachgedacht. Worin besteht Gottes Absicht und Ziel?

Haben Sie Gott je gefürchtet? Wenn ja, wer hat in Ihnen den Grundstein für Ihre Angst vor Gott gelegt? GMG konzentriert sich im Verlauf des Textes viele Male auf diese Fragen. Eine hervorragend formulierte Antwort finden Sie auf Seite 76. Lesen Sie den Abschnitt, der mit »Das ist mein Plan für euch. Das ist mein Ideal« beginnt.

Viele Menschen halten es nicht für möglich, dass Gott

den Menschen das Geschenk der echten freien Wahl gewährt; viele können nur schwer akzeptieren, dass Gott uns nicht verdammt, ganz gleich, was wir tun. Auf den Seiten 78/79 findet sich eine sanfte und doch machtvolle Antwort auf diesen Gedanken. Wenn wir sie lesen, werden wir von einer großen Wahrheit erfüllt, Es ist an der Zeit, dass wir unsere Angst vor Gott hinter uns lassen.

Denkpause

Aufgabe

Kopieren Sie die Textpassage auf den Seiten 78/79, beginnend mit »Was für eine andere Art von Versprechen ...« und endend bei »... unbegrenztes Potential« und heften Sie das Blatt an Ihren Kühlschrank oder Badezimmerspiegel – irgendwohin, wo Sie es jeden Tag sehen.

Denken Sie über die Bedeutung und die Botschaft des letzten Satzes nach.

1.7 Letztlich fürchte ich mich vor ...

Es ist an der Zeit, dass wir unsere Angst vor Gott hinter uns lassen.

Es ist natürlich unsere Angst vor Gott, die uns daran hindert, an die wunderbarsten Gedanken, die wir je über Gott hatten, zu glauben. Diese Angst ist so groß, so mächtig, dass sie uns dazu gebracht hat, aus Gott eher einen Teufel denn eine Gottheit zu machen. Unsere Angst bewirkt, dass wir nicht nur Gott, sondern auch uns selbst als die, die-wir-wirklich-sind, verleugnen.

... habt ihr diese teuflischen Eigenschaften Gott zugeschrieben, um euch selbst dazu zu überreden, die gottgleichen Versprechen eures Schöpfers oder die gottgleichen Eigenschaften des Selbst nicht zu akzeptieren.

Das ist die Macht der Angst. GMG I, Seite 92

Die Angst vor Gott erzeugt Angst vor dem Leben selbst. Und Lebensangst erzeugt absolute Lähmung. Schlimmer noch, die Angst kann tatsächlich grauenhafte Folgen haben.

Leitgedanke 7
Was du fürchtest, ziehst du an.

Es stimmt zweifellos und nachweislich, dass wir das anziehen, was wir fürchten. Wovor Sie am meisten Angst haben, das wird Sie am meisten plagen und peinigen. Ihre Angst wird es wie ein Magnet anziehen. Denn – wie auf Seite 92 in GMG I erklärt wird – »Emotion ist die Kraft, die anzieht«, und Angst ist eine der stärksten Emotionen.

An anderer Stelle, Seite 282, findet sich folgende Aussage: »Angst ist das Gegenteil von allem, was-ihr-seid, und übt eine eurer mentalen und physischen Gesundheit entgegenstehende Wirkung aus. *Angst ist ein verstärktes Sich-Sorgen.*« Die Angst greift Ihren Körper auf zellularer Ebene an. Es ist unmöglich, unter den Bedingungen fortwährender Angstzustände einen gesunden Körper zu haben.

Übung

Gibt es einige Dinge, die Sie in der Vergangenheit fürchteten, und die dann auch tatsächlich eintrafen? Was passierte, als diese Ängste wahr wurden? Und was bedeutet das heute für Sie?

Haben Sie gegenwärtig irgendwelche Ängste? Was sind das für Ängste? Sehen Sie sich Ihre Vorstellungen, was passieren würde, wenn die Ängste wahr würden, an. Manchmal nimmt ein genauer Blick auf die befürchteten Folgen schon viel von der Angst selbst weg.

Beenden Sie diese Übung mit der Beantwortung der beiden Fragen am Schluss. Schreiben Sie Ihre Antworten zu jedem Fall nieder, ob Sie nun alleine oder in einer Gruppe arbeiten. Dazu können Sie die Vorlage oder besser Ihr Journal verwenden.

BLICK AUF ÄNGSTE IN DER VERGANGENHEIT

Drei Dinge, die ich in der Vergangenheit fürchtete, und die tatsächlich eintraten:

1. ______________________________
2. ______________________________
3. ______________________________

Nachdem meine Befürchtung Realität geworden war, veränderte sich mein Leben auf folgende Weise:

Zu 1. ______________________________
____
____

Zu 2. ______________________________
____
____

Zu 3. ______________________________
____
____

BLICK AUF MEINE HEUTIGEN ÄNGSTE

Wenn ich mir heute mein Leben anschaue, sehe ich, dass ich

a ☐ immer noch einige Ängste habe,

b ☐ die Angst ziemlich weitgehend aus meinem Erfahrungsbereich eliminiert habe.

Wenn Sie »a« angekreuzt haben, dann gehen Sie auf die folgenden Punkte ein. Wenn Sie »b« angekreuzt haben, dann übergehen Sie das Folgende.

Drei Dinge, die ich fürchte, und was meiner Ansicht nach geschehen würde, wenn sie tatsächlich eintreten sollten:

Ich befürchte, dass ______________________________

____

Wenn das geschieht, so glaube ich, dass ______________

____

Ich befürchte, dass ______________________________

____

Wenn das geschieht, so glaube ich, dass ______________

Ich befürchte, dass ______________________________

____

Wenn das geschieht, so glaube ich, dass ______________

____

Was sagt Ihnen die obige Analyse über Ihre Ängste?

____

____

____

____

____

Treffen Sie die Wahl, diesbezüglich irgendwelche Entscheidungen zu fällen?

____

____

____

____

STOPP

Denkpause

Aufgabe

Tragen Sie in der nächsten Woche ein kleines Notizheft bei sich. Machen Sie jedesmal einen Eintrag, wenn Sie merken, dass Sie sich in die Angst hineinbegeben oder in Bezug auf irgendetwas eine Befürchtung hegen.

Nehmen Sie die folgende Vorlage als Modell und füllen Sie eine Woche lang jeden Abend eine Kopie davon aus. Bringen Sie diese Informationen nächste Woche zu Ihrer Gruppensitzung mit und sprechen Sie darüber, was Ihnen diese Prozedur gebracht hat. Wenn Sie allein arbeiten, dann schreiben Sie darüber in Ihrem Journal.

TÄGLICHER ANGST-REPORT

Heute bemerkte ich, dass ich vor Folgendem Angst hatte oder eine Befürchtung hegte:

Ich befürchte, dass Folgendes passieren könnte:

Wenn das geschähe, würde als Nächstes wahrscheinlich Folgendes passieren …

Und wenn *das* geschähe, würde als Nächstes wahrscheinlich Folgendes passieren …

Und wenn *DAS* geschähe, würde als Nächstes wahrscheinlich Folgendes passieren …

Und wenn DAS geschähe, würde als Nächstes wahrscheinlich Folgendes passieren …

Und wenn ALL DAS geschähe, würde das wahrscheinlich zur Folge haben:

Und hier kommt nun das, wovor ich mich letztlich fürchte …

Zusatzfragen

Aus GMG I, *Kapitel 1*

Jedes Kapitel in *Gespräche mit Gott* enthält, zusätzlich zu den Leitgedanken, die in diesem Arbeitsbuch erkundet werden, viele spezifische Gedanken, mit denen man meiner Meinung nach vertraut sein sollte, wenn man das Material umfassend verstehen möchte. Wir beschließen deshalb jedes Kapitel in diesem Arbeitsbuch mit einer Reihe von »Zusatzfragen«, die zu einer tiefer gehenden Erforschung ermuntern möchten.

Diese Fragen zielen auf die subtileren Punkte ab, die im Text angesprochen werden. Die Gedankengänge und Diskussionen, die sich aus einem Erkunden dieser Fragen ergeben, werden Ihnen zweifellos dabei helfen, die in dem Buch enthaltenen Wahrheiten im wirklichen Leben anzuwenden und ihre Weisheit in Ihrer Alltagserfahrung wirksam werden zu lassen.

Für Arbeitsgruppen bilden diese Fragen eine perfekte Grundlage für regelmäßige intensive Diskussionen. Wenn Sie dieses Arbeitsbuch zu Hause durcharbeiten, wird eine schriftliche Beantwortung dieser Fragen in Ihrem Journal erheblich zur Verfeinerung Ihres Verständnisses beitragen.

Die Antworten auf die Zusatzfragen am Ende eines jeden Kapitels finden Sie auf den letzten Seiten dieses Arbeitsbuches. Hinter jeder Antwort ist in Klammern eine Seitenzahl angegeben, die auf die in diesem Zusammenhang relevante Textstelle in Band 1 von *Gespräche mit Gott* verweist. Dieser Anhang kann von Arbeitsgruppenleitern zur Moderation der Diskussionen in den Gruppen herangezogen werden. Gruppenteilnehmer oder allein arbeitende Personen sollten versuchen, sich erst dann diesem Anhang oder den entsprechenden Textstellen zuzuwenden, wenn Sie sich darum bemüht haben, die jeweilige Frage selbst zu beantworten.

1. GMG führt vier Methoden auf, mittels derer Gott mit uns kommuniziert. Welche sind das?
2. Wie wissen Sie, ob eine Mitteilung von Gott stammt und nicht aus einer anderen Quelle herrührt?
3. Warum scheint Gott zu einigen Menschen zu sprechen und zu anderen nicht?
4. Gott um etwas zu bitten, ist die »falsche« Art zu beten. Warum?
5. Warum scheinen manche Gebete nicht erhört zu werden?
6. Gott ist der Schöpfer aller Dinge. *Richtig oder unrichtig?*
7. Was sind die beiden großen Illusionen des Menschen?
8. Alle Handlungen des Menschen speisen sich aus einer von zwei möglichen Emotionen. Welche sind das?
9. Was ist ein stiftender Gedanke?
10. Was ist der einzige Wunsch der Seele?
11. Warum hat Gott unsere Welt der Relativität geschaffen?
12. Erklären Sie das Gesetz der Gegensätze.
13. Beschreiben Sie die Konzeption der Heiligen Dreifaltigkeit in metaphysischen Begriffen.
14. Worin bestehen die drei Schritte der menschlichen Evolution?
15. Worin besteht der Unterschied zwischen den Beziehungen auf der groben (d. h. physischen) und den Beziehungen auf der sublimen Ebene?

16. Warum wurde in der Parabel von der kleinen Seele und der Sonne die Seele in Finsternis gehüllt?
17. Es gibt nur einen Grund, um irgendetwas zu tun. Welcher ist das?
18. Sind die Unglücke und Katastrophen der Welt Gottes Strafe oder ganz einfach »Pech«?
19. Was sollen wir nach dem Wunsch Gottes in Bezug auf den Hunger, die Gewalt und Ungerechtigkeit in der Welt unternehmen?
20. Was ist für die menschliche Seele die Hölle?
21. Bestraft uns Gott für unsere Sünden?
22. Warum hat Jesus nicht einfach jedermann geheilt und somit allem Leiden ein Ende gesetzt?
23. Warum zieht die Angst das an, wovor man sich fürchtet?
24. Was sind die drei Gesetze des Universums?

2

2.1 Wer ist Gott?

Die meisten Menschen sagen, dass Gott sich sowohl definieren wie auch beschreiben lässt. Manche sagen, dass Gott ohne Frage ... ein Mann ist. Andere sagen, nein, Gott ist weiblich. Und weil die meisten Menschen ständig damit befasst sind, sich selbst zu definieren, empfinden es die meisten auch als wichtig, Gott irgendwie zu definieren. Das wäre ja an sich nicht weiter schlimm, wenn die meisten Leute nicht außerdem überzeugt wären, dass *ihre* Definitionen von Gott die *einzig richtigen* Definitionen sind.

Doch Gott kann weder in Begriffe gefasst noch definiert werden.

Wenn du glaubst, dass Gott nur ein einziges, ganz bestimmtes Aussehen hat oder sich nur auf eine einzige, ganz bestimmte Weise hören lässt, oder nur auf eine einzige, ganz bestimmte Weise existiert, dann wirst du Tag und Nacht immer nur an mir vorbeisehen. GMG I, Seite 101

Diese Sache mit der Identität, dem Aussehen und der Botschaft Gottes hat die Menschen schon seit Anbeginn der

Zeit ins Grübeln gebracht, zu Spekulationen veranlasst und Theorien aufstellen lassen. Doch die Antwort auf das Rätsel, wer Gott ist, das Ende unserer ewigen Suche nach der Erkenntnis Gottes, lag schon immer direkt vor unserer Nase. Gott ist ... *alles*.

Leitgedanke 8
Gott ist Leben und der Stoff des Lebens.

Viele Menschen finden diesen Gedanken nicht romantisch genug, nicht heilig genug, nicht religiös oder spirituell oder nun ja, nicht *göttlich* genug. Doch *Gespräche mit Gott* macht klar, dass diese Aussage dennoch stimmt. Auf Seite 101 in Band 1 findet sich dazu eine besonders eloquente Passage.

Nun, diese einfache Aussage – dass Gott alles ist – impliziert etwas sehr Wichtiges: Wenn Gott alles ist, dann gibt es nichts – kein menschliches Wesen, kein physisches Objekt, keine Erfahrung oder Emotion, *kein Ding in unserem ganzen Universum* – was *nicht* Gott ist.

Und diese Aussage führt zu einer noch erstaunlicheren Feststellung. Denn wenn kein Ding in unserem Universum »nicht Gott« ist, dann verurteilt und verdammt Gott entweder einen Teil von sich selbst, oder er verurteilt und verdammt nichts und niemanden.

Könnte das möglich sein? Was denken *Sie*?

Übung

Im Folgenden finden Sie eine Liste mit Personen, Gefühlen, Erfahrungen und Ereignissen. Zeigen Sie auf einer Skala von eins bis zehn an, wie sehr Sie diese Dinge lieben (L-1, L-2, L-3 usw.) oder verdammen (V-1, V-2, V-3 usw.), und wie sehr Ihrer Meinung nach Gott diese Dinge liebt oder verdammt.

Drücken Sie sich nicht vor dem zweiten Teil dieser Frage, indem Sie sagen: »Das kann ich nicht beurteilen. Darüber kann nur Gott urteilen.« Schätzen Sie einfach, in welchem Maße Gott Ihrer Meinung nach diese Dinge liebt oder verdammt, indem Sie zu Grunde legen, was Sie Ihrer Ansicht nach über all das wissen.

Person, Gefühl, Erfahrung oder Ereignis	**Wie sehr ich dies liebe (L) oder verdamme (V)**		**Wie sehr meiner Meinung nach Gott dies liebt (L) oder verdammt (V)**	
	L	V	L	V
1. Mutter Teresa				
2. Menschen verprügeln				
3. Roher Sex				
4. Echte Liebe				
5. Adolf Hitler				
6. Erdbeben				
7. Neugeborene Babys				
8. Schwangerschafts-abbruch				
9. Jesus Christus				

Person, Gefühl, Erfahrung oder Ereignis	**Wie sehr ich dies liebe (L) oder verdamme (V)**		**Wie sehr meiner Meinung nach Gott dies liebt (L) oder verdammt (V)**	
	L	V	L	V
10. Moses				
11. Krishna				
12. Buddha				
13. Fußball				
14. Meinen Vater				
15. Mitgefühl				
16. Selbstsucht				
17. Der Holocaust				
18. Kindern Drogen verkaufen				
19. Erwachsene, die Drogen nehmen				
20. Mich selbst				

Vergegenwärtigen Sie sich nun Folgendes: Alles, was Sie in der Spalte Gottes unter L-10 eingeschätzt haben, war ein Irrtum. Alles, was Sie bei ihm mit V-1 und höher eingeschätzt haben, war ebenfalls ein Irrtum. Gottes bedingungslose Liebe erzeugt Gottes bedingungslose Akzeptanz selbst unserer schlimmsten »Fehler«.

Weiterführende Diskussion

Bedeutet keine Verurteilung oder Verdammung, dass es auch keine Auswirkungen gibt?

Seien Sie sehr achtsam, wenn Sie sich die obige Übung und die ihr vorangehenden Informationen noch einmal anschauen, sonst könnte das zu einem Missverständnis darüber führen, wie das Universum funktioniert.

Heißt das, wenn Gott unsere Handlungen – ganz gleich, welcher Art sie sind – nicht verurteilt, dass sie keine negativen Auswirkungen haben? Das heißt es nicht. Diese Nichtverurteilung bedeutet nicht, dass Gott das Gesetz von Ursache und Wirkung aus dem Leben verbannt hat. Alles, was Sie tun (Ursache), erzeugt ein Resultat (Wirkung). Das ist das Gesetz, und aus ihm gibt es kein Entrinnen.

Und die von Ihnen erschaffene Wirkung kann über dieses spezielle Leben hinausreichen. Sie werden dann lange, nachdem Sie Ihren gegenwärtigen Körper verlassen haben, die Auswirkung all dessen zu spüren bekommen, was Sie verursacht haben. Nicht als *Strafe,* sondern ganz einfach als *Resultat.* Im Gegensatz zur Bestrafung oder Vergeltung sind diese Resultate unpersönlich. Sie haben nichts mit Ihnen oder der »Richtigkeit« oder »Falschheit« von irgendetwas, das Sie getan haben mögen, zu tun, sondern sind nur das, was aus Ihrem Tun *als ein natürliches Ergebnis hervorgeht.*

Wenn Sie einen Stein von einem Gebäude werfen, fällt er zur Erde. Das ist nicht so, weil der Stein ein »Übeltäter« ist, oder weil das Hinunterwerfen »falsch« war, sondern weil das Gesetz der Schwerkraft dieses Resultat bewirkt.

Würde es etwas an Ihrem Verhalten ändern, wenn Sie das Gefühl hätten, dass Gott Sie niemals bestrafen wird? Würde das Ihre Wertvorstellungen verändern? Was sagen Ihnen Ihre Antworten auf diese Fragen?

Das, was im Gegensatz zu Gott steht (der Absolute Liebe ist), ist eine Verleugnung Gottes. Diese Verleugnung Ihres wahren Wesens verursacht ein »Abfallen«. Das hat nichts mit Bestrafung zu tun. Es ist ein Gesetz. Es ist einfach das, was passiert. Sie könnten es als *spirituelles Schwerkraftgesetz* bezeichnen.

Das mag der Grund sein, warum wir, wenn wir etwas tun, das gott-*un*gleich ist, von anderen dazu ermahnt werden, »die Schwere« unserer Tat zu bedenken.

Der Verstoß gegen das Gesetz der »spirituellen Schwerkraft« kann schwerwiegende Konsequenzen haben: Den Fall in die Dunkelheit, in unser spirituelles Grab. Wir haben das Gefühl, spirituell tot zu sein. Wir fühlen uns von Gott getrennt. (Wir können nie wirklich von Gott getrennt sein, denn Gott ist Alles-Was-Ist. Doch wir können uns so fühlen, als wären wir von Gott getrennt). Das ist das Gefühl, das wir »in Bezug auf uns selbst« haben, und dieses Gefühl entspringt jeder Handlung, die verleugnet, Was und Wer Gott ist – und somit auch, Was und Wer Wir Sind.

GMG lehrt, dass die einzige Hölle, die es gibt, das Gefühl des Getrenntseins von Gott ist. Das ist unser spiritueller Tod, denn Gott ist das Leben und der Stoff, der das Leben ist. Das Getrenntsein vom Leben wird als »Tod« empfunden.

Um wiederbelebt zu werden, müssen wir unter Umständen »wiedergeboren« werden, um uns aufs Neue wieder zu erschaffen. Oder wir treffen die Wahl, uns einfach daran zu erinnern – das heißt, uns dessen inne zu werden und uns wieder in das einzugliedern –, wer-wir-wirklich-sind.

Denkpause

Aufgabe

Fragen Sie sich in dieser Woche, in der Stille Ihres Herzens, wie es möglich sein kann, dass Gott nichts und niemanden verurteilt und verdammt. Was bedeutet das für die ganze Menschheit?

2.2 Wozu sind Werte gut?

Die bemerkenswerten und verblüffenden Aussagen über »richtig« und »falsch« in *Gespräche mit Gott* könnten einige Leute dazu veranlassen, ihr persönliches Wertsystem aufzugeben. Doch davon würden sie wahrscheinlich nicht profitieren, wie ebenfalls in GMG I zu lesen ist.

»Eure Vorstellungen von richtig und falsch sind genau das – Vorstellungen, Ideen.« Doch »sie bilden die Struktur eures Lebens, und ihr Verlust würde die Auflösung des Stoffs eurer Erfahrung bedeuten.«

Das Buch weist darauf hin, dass Ihnen eine sorgsame Überprüfung Ihrer Werte im Einzelnen von Nutzen sein könnte. »Reißt nicht das Haus ein, aber prüft jeden Baustein und ersetzt jeden, der zerbrochen zu sein scheint und das Gebäude nicht länger zu stützen vermag.«

Wenn Sie wirklich den Wunsch haben, die in GMG enthaltene Weisheit in Ihrem Alltagsleben praktisch anzuwenden, dann nehmen Sie sich in den nächsten Tagen etwas Zeit und unterziehen Sie Ihr gegenwärtiges Wertsystem einer gründlichen Überprüfung. Schauen Sie, ob die Bausteine des von Ihnen erbauten Hauses den Bau noch immer tragen. Ob Ihre Wertvorstellungen – die Sie meist ganz automatisch, ohne nachzudenken umsetzen – Ihnen noch immer in jedem Lebensbereich dienlich sind. Und wenn es einen Bereich gibt, in dem Ihre bisherigen Wertvorstellungen Ihr Gefühl für wer-Sie-sind (ganz zu schweigen von dem, der zu sein Sie wählen) nicht länger nährt, dann überlegen Sie, was es bräuchte, um sie zu verändern, und erkunden Sie, was passieren würde, wenn Sie sie veränderten. Die folgende Vorlage soll Ihnen dabei helfen.

Meine gegenwärtigen Wertvorstellungen in Bezug auf **Geld:**

Meiner Erfahrung nach dienen mir jetzt diese Wertvorstellungen ☐ sehr ☐ ein wenig ☐ überhaupt nicht.
Wenn ich hier meine Wertvorstellung verändern würde, wäre meine neue Vorstellung diese:

Meiner Ansicht nach würde sich eine solche Veränderung auf mein Leben folgendermaßen auswirken:

Meine gegenwärtigen Wertvorstellungen in Bezug auf **Sex:**

Meiner Erfahrung nach dienen mir jetzt diese Wertvorstellungen ☐ sehr ☐ ein wenig ☐ überhaupt nicht.
Wenn ich hier meine Wertvorstellungen verändern würde, wäre meine neue Vorstellung diese:

Meiner Ansicht nach würde sich eine solche Veränderung auf mein Leben folgendermaßen auswirken:

Meine gegenwärtigen Wertvorstellungen in Bezug auf **Gott:**

Meiner Erfahrung nach dienen mir jetzt diese Wertvorstellungen ☐ sehr ☐ ein wenig ☐ überhaupt nicht.
Wenn ich hier meine Wertvorstellungen verändern würde, wäre meine neue Vorstellung diese:

Meiner Ansicht nach würde sich eine solche Veränderung auf mein Leben folgendermaßen auswirken:

Wenn Sie in einer Arbeitsgruppe sind, wollen Sie vielleicht jetzt darüber sprechen, was Sie an neuen Erkenntnissen gewonnen haben.

Viele Menschen haben ihre Wertvorstellungen auf eine ganz bestimmte Weise ausgerichtet, weil sie glauben, dass Gott es so haben will. Sie glauben (und das haben ihnen gewöhnlich andere eingepflanzt), dass Gott unbedingt will, dass wir seine Gebote befolgen, und dies unter Androhung der Strafe ewiger Verdammnis von uns auch verlangt. Für die Menschen, die dieser Vorstellung anhängen, stellt sich nicht die Frage, ob ihre gegenwärtigen Wertvorstellungen *ihnen*, sondern ob sie *Gott* dienlich sind. Ob sie glücklich sind oder nicht, wird unwichtig. Die Frage ist, ob Gott glücklich ist.

Menschen, die mit einem solchen Paradigma leben, fühlen sich oft zutiefst bedroht, wenn man ihnen sagt, dass Gott glücklich ist, ganz egal, was sie tun. Die Vorstellung, dass nichts und niemand Gott »unglücklich« machen kann, ist ihnen fremd, hört sich für sie seltsam an. Mehr als seltsam, es ist geradezu eine Gotteslästerung. Der Grundgedanke von einem unglücklichen Gott ist für ihre Theologie von zentraler Bedeutung. Die Vorstellung von einem Gott, der Bedürfnisse hat, und der sich, wenn seine Bedürfnisse nicht erfüllt werden, so ärgert, dass er zuschlägt und uns bestraft, ist der Kernpunkt ihres Glaubenssystems.

Gespräche mit Gott öffnet die Tür zu einer neuen Art von Verständnis. Es macht uns mit einer neuen Art von Gott bekannt. Es ist ein Gott, dem zu begegnen die meisten von uns mit Dankbarkeit erfüllt. Wie eine Frau einmal bei einem meiner Vorträge sagte: »Danke, dass Sie mir einen Gott gezeigt haben, in den ich mich verlieben kann.«

Was ist so anders an diesem speziellen Gott?

Leitgedanke 9

Gott braucht nichts und verlangt deshalb auch nichts von uns.

Die Frage von »richtig« und »falsch« führt zu einer noch umfassenderen Frage: Hat Gott Bedürfnisse? Denn wenn es im Universum ein objektives Richtig und Falsch *gibt*, wer hätte dies erschaffen? Wer hätte über die Definition entschieden? Und warum?

Die Logik sagt uns, dass es nur ein Wesen im Universum gibt, das fähig ist, Entscheidungen dieser Art zu fällen und derartige Schöpfungen heraufzubeschwören: Gott selbst. Doch wenn Gott solche Entscheidungen gefällt hat, dann würde das darauf hindeuten, dass er Vorlieben hat; dass er irgendwelche Bedürfnisse oder Wünsche hat, die erfüllt werden müssen. Dies geschieht dann wohl durch das Erschaffen von Richtig und Falsch und durch den Befehl Gottes an seine Untertanen, lieber zu tun, was richtig ist, und zu unterlassen, was falsch ist, *denn sonst* …

Auf Seite 108 von GMG I findet sich jedoch eine Passage, die besagt, dass es sich hier um Forderungen handelt, die nichts mit Gott zu tun haben. »Die Gottheit hat keine Bedürfnisse. Alles-was-ist ist genau das: *alles, das ist*. Und deshalb will sie oder mangelt es ihr, schon der Definition nach, an nichts.«

Doch wenn Gott keine Bedürfnisse hat und ihm an nichts mangelt – heißt dies, dass Gott keine Wünsche, kein Verlangen hat? Das heißt es nicht, denn Bedürfnisse und Wünsche sind nicht dasselbe – obschon viele Menschen es dazu gemacht haben.

Ein »Bedürfnis« ist eine Notwendigkeit, etwas, das Sie *haben müssen*. Ihr Glück, Ihre Sicherheit, Ihr Seelenfrieden usw. hängen davon ab. Ein Wunsch ist etwas, das Sie *zu haben wählen*. Es ist eine *Vorliebe*.

Man trifft die Wahl, sich lieber Kartoffelbrei als eine gebackene Kartoffel kommen zu lassen. Man muss ihn nicht unbedingt haben. Er ist ganz einfach eine Präferenz. Wenn man statt dessen irrtümlich eine gebackene Kartoffel serviert bekommt, könnte man wahrscheinlich damit leben und, in vielen Fällen, absolut glücklich sein (abhängig davon, wie sehr Sie auf Kartoffelbrei fixiert sind).

Wie steht es mit Ihnen? Sind Sie sich über den Unterschied zwischen Wunsch und Bedürfnis im Klaren? Oder bringen Sie diese Kategorien in Ihrem Alltagsleben durcheinander?

Übung

Lassen Sie uns erkunden, was Sie brauchen, um glücklich zu sein. Hier haben Sie die Chance herauszufinden, wie Sie es sich in Ihrer Realität aufgebaut haben. Im Folgenden finden Sie eine Reihe von Dingen aufgeführt, die viele Menschen zu brauchen meinen, um sich glücklich und sicher zu fühlen und ihren Seelenfrieden zu finden. Überprüfen Sie im Einzelnen, welche dieser Dinge Sie zu *brauchen* meinen, und welche Sie *sich ganz einfach wünschen – jedoch auch ohne sie glücklich werden könnten.*

Allgemein übliche Elemente für Glück, Sicherheit und Seelenfrieden	**Bedürfnis**	**Wunsch**
Jemand, der/die in sexueller Hinsicht nur Sie liebt		
Herausforderung & kreative Arbeit		
Ein schönes Heim		
Eine Menge Sex		
Irgendeine Arbeit, irgendein Job		
Eine Menge Geld		
Ein halbwegs anständiges Zuhause		
Ein bißchen Sex, meine Güte …		
Wenigstens genug Geld, um die Rechnungen zu bezahlen		
Von anderen akzeptiert werden		

In Gottes Welt gibt es keine Kreuzchen in der Spalte »Bedürfnis«. Wie sieht es in Ihrer Welt aus? Finden sich in dieser Spalte Kreuzchen? Wenn ja, was bräuchte es, um diese »Bedürfnisse« in »Wünsche« oder »Vorlieben« umzuwandeln?

Der erste Schritt auf dem Weg zur Meisterschaft besteht darin, dass Sie das, was Sie für Bedürfnisse halten, in etwas verwandeln, das Sie als Wünsche erfahren. Die Gottheit hat keine Bedürfnisse, aber sie hat Wünsche, sie hat ein Verlangen. Die Inhalte dieses Verlangens werden auf den Seiten 108/109 in GMG I skizziert.

Denkpause

Experiment

Versuchen Sie, durch die nächste Woche zu kommen, indem Sie von der Entscheidung ausgehen und nach ihr handeln, dass Sie absolut nichts »unbedingt benötigen«; dass alle Ihre vormaligen Bedürfnisse nun nur noch Vorlieben oder Wünsche sind.

Tragen Sie im Verlauf der nächsten Woche ein Notizheft bei sich und vermerken Sie es sofort, wenn Sie die Erfahrung machen, dass Sie etwas »benötigen«. Schreiben Sie auf, was Ihnen widerfahren würde, wenn Sie nicht bekommen, was Sie zu benötigen glauben. Fällen Sie auf der Grundlage dieser Analyse Ihre Entscheidungen darüber, was Sie unternehmen wollen, um Ihrem Bedürfnis Rechnung zu tragen. Schreiben Sie am Ende des Tages auf, auf welche Weise, wenn überhaupt, dies Ihre Erfahrung verändert hat.

Erstatten Sie nächste Woche der Gruppe Bericht oder beschreiben Sie detailliert in Ihrem Journal, zu welchen Erkenntnissen Sie gekommen sind und wie es für Sie war, sich mit Ihren »Bedürfnissen« auf diese Weise auseinander zu setzen.

2.3 Auch Sie können ein Zwiegespräch mit Gott führen

In GMG findet sich immer wieder die Aussage, dass jedermann ein Gespräch mit Gott führen kann. Wie eingangs erwähnt, ist der Text zyklisch angelegt und zieht immer wieder Schleifen, um mehrmals denselben Punkt anzusprechen.

In seinem zweiten Kapitel kommt GMG I wieder auf das Thema zu sprechen, das auf Seite 20 den gesamten Dialog eröffnet – die Frage, mit wem Gott spricht. Bitte lesen Sie noch einmal den Text von Ende Seite 110 bis Mitte Seite 114 und denken Sie dann über Folgendes nach:

Leitgedanke 10
Gott spricht mit jedermann.

Halten Sie sich für »verrückt«, wenn Sie den Eindruck haben, Gott habe direkt zu Ihnen gesprochen, oder Sie haben auf irgendeine andere Weise direkt von Gott Mitteilungen erhalten? Wenn Sie denken oder das Gefühl haben, dass das der Fall ist, dann ist es wahrscheinlich auch so. Aber kaufen Sie der Welt nicht die Behauptung ab, Sie seien nicht »würdig«, auf direkte Weise von Gott zu hören.

Das ist die Wurzel jedes Problems, das du in deinem Leben erfährst – denn du hältst dich nicht für würdig genug, dass Gott zu dir spricht. Gütiger Himmel, wie kannst du je erwarten, meine Stimme zu hören, wenn du dir nicht vorzustellen vermagst, dass du es in ausreichendem Maße verdienst, dass man überhaupt zu dir spricht?

GMG I, Seite 113/114

Es ist jedoch wichtig, Vorsicht walten zu lassen und nicht zu beschließen und zu erklären, dass *jeder* beiläufige Gedanke, der uns in den Sinn kommt, eine direkte Botschaft des Göttlichen ist. GMG beantwortet die Frage, wie wir beiläufige Gedanken, die unserem Ego entspringen, und Mitteilungen von Gott voneinander unterscheiden können. Lesen Sie dazu noch einmal den Text Ende Seite 22 und Anfang Seite 23 in GMG I.

Denkpause

Aufgabe

Üben Sie sich diese Woche darin, tatsächlich zu Gott »zu sprechen«. Nehmen Sie jede Nacht, bevor Sie zu Bett gehen, Papier und Stift zur Hand und schreiben Sie eine Frage zu Ihrem Leben nieder, zu der Sie von Gott gerne Führung oder Informationen erhalten würden.

Nehmen Sie dann am Morgen gleich nach dem Aufwachen, und noch bevor Sie irgendetwas anderes tun, wieder Papier und Stift und schreiben Sie das auf, was Ihnen, nachdem Sie die Frage noch einmal durchgelesen haben, als erstes in den Sinn kommt.

Versuchen Sie nicht, diese Antwort zu »erdenken«. Schreiben Sie einfach auf, was Ihnen dazu kommt. Legen Sie sofort den Stift nieder, wenn Sie anfangen, darüber »nachzudenken«. Die ersten Male werden Sie vielleicht nur ein Wort oder eine Redewendung bekommen, bevor Ihr Verstand sich meldet. Doch wenn Sie diese Praxis fortsetzen, werden Sie möglicherweise größere Informationsbrocken – ganze Sätze – bekommen.

Überprüfen Sie nun diese Gedanken an den Richtlinien, die Ihnen in GMG I, Seite 22/23 übermittelt wurden. Schreiben Sie einen kurzen Bericht über Ihre Beobachtungen in Ihr Journal. Auf dieser Grundlage können Sie in Ihrer Arbeitsgruppe ihre Erfahrungen austauschen.

Zusatzfragen
aus GMG I, Kapitel 2

1. Welches Geschlecht hat Gott?
2. Welche Dinge rufen Gottes Missbilligung hervor?
3. Was können menschliche Wesen außerhalb Gottes Plan erschaffen?
4. Was ist böse?
5. Wenn es so etwas wie »Sünde« gäbe, was wäre es?
6. Wie sehr verlangt Gott nach unserer Anbetung und unserem Gehorsam?
7. Was ist der Beginn aller Schöpfung?

8. Was sind die fünf Einstellungen Gottes?
9. Was sollten wir alle mit unseren gegenwärtigen persönlichen Wertvorstellungen tun?
10. Matthäus, Markus, Lukas und Johannes wanderten mit Jesus umher und schrieben seine Geschichte auf. *Richtig oder unrichtig?*

3

3.1 Die Heilige Dreieinigkeit

Um unsere wahre Natur als schöpferische Wesen zu verstehen, müssen wir die Natur Gottes begreifen – des größten Schöpfers von allem – und dann wirklich akzeptieren, dass wir nach *dem Ebenbild Gottes* geschaffen sind.

Gespräche mit Gott sagt aus, dass Gott ein Dreieiniges Wesen ist.

Ich manifestiere mich als Drei-In-Einem. Manche eurer Theologen haben das als Vater, Sohn und Heiligen Geist bezeichnet. GMG I, Seite 119

Manche Weltreligionen sträuben sich gegen diesen dreifaltigen Aspekt Gottes, hauptsächlich deshalb, weil sie davon ausgehen, dass es nur einen Gott gibt. Aber möglicherweise handelt es sich hier nur um eine semantische Meinungsverschiedenheit. Tatsache ist, dass Gott Ein Wesen *ist*, und es nur Einen Gott gibt. Doch dieses Eine Wesen, dieser Eine Gott sagt uns, dass Es sich in drei Teile unterteilt, die aus drei verschiedenen Energieformen bestehen und sich in vielen Formen manifestieren können … einschließlich derer, die wir als höhere und niedrigere

Aspekte Seiner Selbst bezeichnen würden. Dies führt zum nächsten Leitgedanken in GMG. Wenn die Menschen nach dem »Ebenbild Gottes« geschaffen sind, lässt sich logischerweise daraus ableiten:

Leitgedanke 11
Menschliche Wesen bestehen aus drei verschiedenen Energieformen.

Diese Energien sind unser schöpferisches Handwerkszeug. Sie sind die göttlichen Mittel, durch die uns Gott unser Erfahrungsmaterial zu gestalten ermöglicht hat. Darüber wurde schon im Zusammenhang mit Leitgedanke 3 gesprochen.

Wir erschaffen uns mit diesen Mitteln buchstäblich selbst und benutzen dieses Handwerkszeug, um uns in jedem Moment des Jetzt aufs Neue wieder zu erschaffen. Dieses Instrumentarium besteht aus:

1. Gedanke
2. Wort
3. Tat

Diese Energieformen besitzen sowohl im Einzelnen wie in ihrer Gesamtheit die Kraft, unsere Realität zu erzeugen, die wir als eine *Erfahrung* bezeichnen könnten.

Wenn wir das erst einmal begriffen haben, können wir auch sehr viel besser verstehen, wie wir dahin gekommen sind, wo wir heute stehen, und wie wir dahin kommen, wo wir morgen sein möchten. Solange wir dies nicht begreifen, stellen wir uns unter Umständen vor, dass wir (wie auch alle anderen) Opfer von Situationen und Umständen sind, über die wir keine Kontrolle haben. Denn diesen Anschein hat es in unserem Alltagsleben, und darum fällt es den meisten Menschen schwer, an ihre eigene schöpferische Kraft und Macht zu glauben.

Doch in der Welt existiert nichts, was nicht zuletzt als reiner Gedanke vorhanden war.

Wenn Sie nicht erleben, was Sie sich in Ihrem Leben wünschen, dann nicht, weil Gott Ihre Gebete nicht beantwortet hat. Der Grund ist vielmehr der, dass Sie im Widerspruch zu Ihren Wünschen gedacht, gesprochen oder gehandelt haben.

Sie agieren in Ihrem Leben im Rahmen eines unveränderlichen Gesetzes. Dieses Gesetz besagt, dass sich Ihr Denken, Sprechen oder Handeln in Ihrer Realität widerspiegelt. So *muß* es sein. *Es ist das Gesetz des Universums.*

Es tut nicht gut, eine Sache zu denken und eine andere zu tun. Oder eine zu sagen und eine andere zu denken. Wenn Sie so vorgehen, widersprechen Sie sich selbst in Ihren Absichten und Ihre Resultate (Erfahrungen) werden sehr »gemischt« ausfallen. Es wird schwer sein, zu irgendeiner Art von Beständigkeit in Ihrem Leben und in dem, was Sie sich erschaffen, zu gelangen.

Genau aus diesem Grund führen die meisten Menschen ein unbeständiges, widersprüchliches oder inkonsequentes Dasein. Sie scheinen ihr Leben nicht »auf die Reihe kriegen« zu können. Das heißt, sie können nicht oft genug Beständigkeit und Übereinstimmung zwischen dem, was sie denken, sagen und tun, herstellen.

Übung

Lassen Sie uns sehen, wie viel Beständigkeit und Übereinstimmung zwischen dem, was Sie denken, sagen und tun, besteht. Vervollständigen Sie im Folgenden die Aussagen, die mehr oder weniger Ihre Gedanken, Worte und Taten in Bezug auf die einzelnen Themen beschreiben sollen.

GELD

Das denke ich über Geld:

____

Das sage ich über Geld:

____

Das tue ich in Bezug auf Geld:

____

SEX

Das denke ich über Sex:

____

Das sage ich über Sex:

____

Das tue ich in Bezug auf Sex:

____

GOTT

Das denke ich über Gott:

____

Das sage ich über Gott:

____

Das tue ich in Bezug auf Gott:

____

LIEBE

Das denke ich über Liebe:

Das sage ich über Liebe:

Das tue ich in Bezug auf Liebe:

EINSSEIN

Das denke ich über das Einssein:

Das sage ich über das Einssein:

Das tue ich in Bezug auf das Einssein:

MEIN LEBENSWERK

Das denke ich über mein Lebenswerk:

Das sage ich über mein Lebenswerk:

Das tue ich in Bezug auf mein Lebenswerk:

HUNGER IN DER WELT

Das denke ich über den Hunger in der Welt:

Das sage ich über den Hunger in der Welt:

Das tue ich in Bezug auf den Hunger in der Welt:

MEINE FAMILIE

Das denke ich über meine Familie:

Das sage ich über meine Familie:

Das tue ich in Bezug auf meine Familie:

MEINE GESUNDHEIT

Das denke ich über meine Gesundheit:

Das sage ich über meine Gesundheit:

Das tue ich in Bezug auf meine Gesundheit:

MEIN KÖRPER

Das denke ich über meinen Körper:

Das sage ich über meinen Körper:

Das tue ich in Bezug auf meinen Körper:

MEINE ZUKUNFT

Das denke ich über meine Zukunft:

Das sage ich über meine Zukunft:

Das tue ich in Bezug auf meine Zukunft:

Ergänzen Sie diese Übung mit Stichworten, die für Sie von Bedeutung sind. Wenn Sie damit fertig sind, diskutieren Sie darüber in Ihrer Arbeitsgruppe.

Denkpause

Aufgabe

Beantworten Sie in dieser Woche die folgenden Fragen zur obigen Übung in Ihrem Journal und bereiten Sie sich darauf vor, beim nächsten Treffen Ihrer Arbeitsgruppe darüber zu diskutieren.

1. Was haben Sie entdeckt, nachdem Sie die Übung oben durchgeführt haben?
2. Falls es in irgendwelchen Bereichen Unbeständigkeit und mangelnde Übereinstimmung gab, welche waren es?
3. Was hat Ihnen das über Sie selbst gezeigt?
4. Welche Verpflichtung sind Sie nun bereit einzugehen, um die Unstimmigkeiten zwischen dem, was Sie in Bezug auf diese Themen denken, sagen und tun, zu beheben?
5. Wann wollten Sie damit beginnen?
6. Wie würde sich Ihrer Meinung nach Ihr Leben ändern, wenn Sie das täten?

3.2 Welcher großartige Gedanke steckt dahinter?

Kapitel 3 in Band 1 von *Gespräche mit Gott* beginnt mit einer Reihe von Fragen, deren erste lautet: »Wann wird mein Leben endlich abheben? Was ist nötig, um es ›auf die Reihe zu kriegen‹ und zu einem Mindestmaß an Erfolg zu gelangen? Hat es mit dem Kämpfen mal ein Ende?«

Die Antworten auf diese Fragen könnten sehr wohl in den Antworten enthalten sein, die Sie auf die sechs Fragen auf der vorigen Seite gegeben haben. Bei diesen sechs Fragen geht es darum, wie Sie die drei verschiedenen Energieformen, die Ihr Sein ausmachen, gebrauchen.

Wichtig ist zu begreifen, dass Ihr Gebrauch dieser Energien, die Art und Weise, wie Sie mit ihnen arbeiten, alles mit dem zu tun haben, was in Ihrem Leben erschaffen wird. – Sie haben nicht nur ein bißchen, sie haben *alles* damit zu tun.

Leitgedanke 12
Alles, was wir in unserer Welt sehen, ist das Ergebnis unserer Gedanken hinsichtlich dieser Dinge.

Dieser Satz ist auf Seite 123 von GMG I zu finden. Es könnte die wichtigste Aussage im ganzen Buch sein. Wenn sie stimmt, dann gereicht es uns außerordentlich zum

Vorteil, wenn wir uns sofort unserem höchsten und erhabensten Gedanken über alle Dinge und alle, die uns wichtig sind, hingeben.

Manche Leute waren schon sehr lange nicht mehr mit ihren »höchsten und erhabensten Gedanken« in Kontakt (von ihren Worten und Taten im höchsten Sinn ganz zu schweigen). Zynismus, Abwehrhaltung und Angst haben sie davon abgehalten. Wie steht es mit Ihnen?

Übung

Bei der vorangegangenen Übung wurden Sie gebeten, Ihre üblichen Gedanken, Worte und Taten im Zusammenhang mit bestimmten Themen zu beschreiben. Diese Themenliste finden Sie hier wieder. Lesen Sie sich nun noch einmal durch, was Sie geschrieben haben, und nehmen Sie dann eine Einschätzung Ihrer Aussagen zu den einzelnen Themen vor.

Welche Ihrer Aussagen stehen für Ihr Denken, Sprechen oder Tun im höchsten Sinn? Machen Sie in der entsprechenden Spalte beim entsprechenden Thema ein Kreuz.

	Ihre erhabensten		
	Gedanken	**Worte**	**Taten**
Geld			
Sex			
Gott			
Liebe			
Einssein			
Mein Lebenswerk			

	Ihre erhabensten Gedanken	Worte	Taten
Hunger in der Welt			
Meine Familie			
Meine Gesundheit			
Mein Körper			
Meine Zukunft			

Sie konnten insgesamt 36 Kreuzchen anbringen, zwölf in jeder Spalte. Wie viele haben Sie gemacht? Wie viel Prozent von Ihren Gedanken sind Ihre höchsten Gedanken? Wie steht es mit Ihren Worten? Mit Ihren Taten?

Wenn Sie sich nicht von den meisten anderen Menschen unterscheiden, zeigte Ihnen die Übung wahrscheinlich, dass auch für Sie gilt, was auf Seite 125 in GMG I steht: »… wirst du feststellen, dass du dein halbes Leben unbewusst verbracht hast. Das heißt, du warst dir auf bewusster Ebene nicht gewahr, welche *Wahl* du im Hinblick auf deine Gedanken, Worte und Taten getroffen hast, bis du deren Auswirkungen erfuhrst. Als du nun diese Resultate erlebtest, hast du bestritten, dass deine Gedanken, Worte und Taten irgendetwas damit zu tun hatten.«

Weiterführende Diskussion

Sind Sie dem, worauf Sie »aus sind«, gewachsen?

Alles Leben und alles im Leben ist ein Schöpfungsprozess. Wir treten nun als Bestandteil dieses Arbeitsbuches in einen schöpferischen Prozess ein.

Selbst wenn in einigen Fällen Ihre Gedanken, Ihre Worte oder Ihre Taten im Zusammenhang mit den oben erwähnten Themen Ihre höchsten Gedanken, Worte oder Taten *waren,* ist es doch möglich, nun etwas noch Höheres zu erschaffen. Denn die wahren Meisterinnen und Meister wissen, dass das »Spiel« aus ist, wenn der höchste Zustand erreicht ist ... es sei denn, man stellt sich einen noch höheren Zustand vor.

Von daher ist es unsere Aufgabe, uns weiterhin immer noch höhere Seinszustände vorzustellen – noch höhere Gedanken, Worte und Taten –, um uns weiterhin in der nächst größeren Version der großartigsten Vision, die wir je von uns hatten, aufs Neue zu erschaffen.

Damit ist in einem Satz zusammengefasst, worauf wir hier alle »aus sind«. Das ist es, worauf *Gott* »aus ist«.

Hier kommt also noch einmal unsere Themenliste. Vervollständigen Sie nun die einzelnen Sätze mit Ihrer allerhöchsten Vorstellung über das, was Sie hinsichtlich der einzelnen Themen, so wie sie sich auf Ihr Leben beziehen, denken, sagen und tun können.

GELD

Das Allerhöchste, was ich denken kann:

____

Das Allerhöchste, was ich sagen kann:

____

Das Allerhöchste, was ich tun kann:

____

SEX

Das Allerhöchste, was ich denken kann:

____

Das Allerhöchste, was ich sagen kann:

____

Das Allerhöchste, was ich tun kann:

____

GOTT

Das Allerhöchste, was ich denken kann:

____

Das Allerhöchste, was ich sagen kann:

____

Das Allerhöchste, was ich tun kann:

____

LIEBE

Das Allerhöchste, was ich denken kann:

____

Das Allerhöchste, was ich sagen kann:

____

Das Allerhöchste, was ich tun kann:

____

EINSSEIN

Das Allerhöchste, was ich denken kann:

____

Das Allerhöchste, was ich sagen kann:

____

Das Allerhöchste, was ich tun kann:

____

MEIN LEBENSWERK

Das Allerhöchste, was ich denken kann:

____

Das Allerhöchste, was ich sagen kann:

____

Das Allerhöchste, was ich tun kann:

____

HUNGER IN DER WELT

Das Allerhöchste, was ich denken kann:

____

Das Allerhöchste, was ich sagen kann:

____

Das Allerhöchste, was ich tun kann:

____

MEINE FAMILIE

Das Allerhöchste, was ich denken kann:

____

Das Allerhöchste, was ich sagen kann:

____

Das Allerhöchste, was ich tun kann:

____

MEINE GESUNDHEIT

Das Allerhöchste, was ich denken kann:

Das Allerhöchste, was ich sagen kann:

Das Allerhöchste, was ich tun kann:

MEIN KÖRPER

Das Allerhöchste, was ich denken kann:

Das Allerhöchste, was ich sagen kann:

Das Allerhöchste, was ich tun kann:

MEINE ZUKUNFT

Das Allerhöchste, was ich denken kann:

Das Allerhöchste, was ich sagen kann:

Das Allerhöchste, was ich tun kann:

Denkpause

Experiment

Sehen Sie in der kommenden Woche zu, ob Sie Ihren allerhöchsten Gedanken über einige Dinge, die sich in Ihrem Umfeld ereignen, aufrufen können. Tragen Sie ein kleines Notizheft bei sich und notieren Sie die Begebenheiten in Ihrem Leben – und die Gedanken, die Sie jetzt Ihrer Wahl nach über sie haben. Schauen Sie, ob dies in irgendeiner Weise Ihre Rede und Ihr Handeln verändert – und damit auch Ihr Leben.

3.3 Kleine Veränderungen, große Wirkung

Bei diesem letzten Experiment haben Sie sich in die höchste Form von Schöpfung begeben. Sie haben sich bewusst und absichtlich aufs Neue wieder erschaffen und dabei die drei Werkzeuge oder Energieformen benutzt, mit denen Gott Sie ausgestattet hat. Die Übung im Zusammenhang mit Leitgedanke 12 verweist auf die Möglichkeit, Gedanken zu denken, Worte zu sagen und Taten zu unternehmen, die keine Reaktionen, sondern Schöpfungen sind. *Überlegte, vorsätzliche* Schöpfungen. Durch einen solchen Prozess verändern Sie Ihr Leben.

Wende dich als erstes deinem allerhöchsten Gedanken über dich selbst zu. Stell dir das Ich vor, das du wärest, wenn du diesen Gedanken jeden Tag lebtest. Stell dir vor, was du denken, tun, sagen und wie du auf das reagieren würdest, was andere tun und sagen.

Erkennst du einen Unterschied zwischen dieser Projektion und dem, was du jetzt denkst, tust und sagst?

GMG I, *Seite 124*

Der nächste Leitgedanke, den wir erforschen werden, bezieht sich direkt auf den Leitgedanken 12. Alles, was Sie in Ihrer Welt sehen, ist das Ergebnis Ihrer Gedanken hinsichtlich dieser Dinge. Sie haben Ihre gesamte Realität erschaffen. Wenn es also gegenwärtig etwas in Ihrer Realität gibt, das Sie nicht mehr wählen, dann *wählen Sie erneut.*

Wichtig ist, dass Sie begreifen, dass Sie *wirklich* die Gelegenheit dazu haben. Nichts bleibt so, wie es ist. Gar nichts.

Nicht einmal Gott.

Leitgedanke 13
Alle Zustände und Bedingungen sind vergänglich. Nichts bleibt so, wie es ist. Wie sich ein Ding verändert, hängt von uns ab.

Schauen Sie sich diese Aussage sehr genau an. Wir wollen sie gemeinsam erkunden.

Übung

Erstellen Sie eine Liste von »Dingen, die sich in Ihrem Leben verändert haben«. Untersuchen Sie in jedem einzelnen Fall, ob Sie sich dabei als der Auswirkung dieser Veränderung unterworfen oder als deren bewusste Schöpferin oder bewusster Schöpfer erfahren haben. Um Ihnen den Start zu erleichtern, haben wir Ihnen schon den Anfang einer Liste vorgegeben. Fügen Sie ihr weitere Dinge, die sich verändert haben, hinzu, Dinge, die für Ihr Leben spezifisch sind.

Umstände in meinem Leben, die sich verändert haben	Wurde die Veränderung von Ihnen bewusst und vorsätzlich geschaffen?	Haben Sie die Veränderung nur »sich ereignen sehen«?
Mein Lebenswerk Das Allerhöchste, was ich tun kann:		
Das Allerhöchste, was ich denken kann:		
Das Allerhöchste, was ich sagen kann:		
MEIN/E LEBENSPARTNER/IN Das Allerhöchste, was ich tun kann:		
Das Allerhöchste, was ich denken kann:		
Das Allerhöchste, was ich sagen kann:		
MEINE GESUNDHEIT Das Allerhöchste, was ich tun kann:		
Das Allerhöchste, was ich denken kann:		
Das Allerhöchste, was ich sagen kann:		
MEIN WOHNORT Das Allerhöchste, was ich tun kann:		
Das Allerhöchste, was ich denken kann:		
Das Allerhöchste, was ich sagen kann:		
MEIN EINKOMMEN Das Allerhöchste, was ich tun kann:		
Das Allerhöchste, was ich denken kann:		
Das Allerhöchste, was ich sagen kann:		
DER BÜRGERMEISTER MEINER STADT Das Allerhöchste, was ich tun kann:		
Das Allerhöchste, was ich denken kann:		
Das Allerhöchste, was ich sagen kann:		
MEIN … (Führen Sie diese Liste selbst fort)		

Weiterführende Diskussion

Das Geheimnis zur Verbesserung Ihrer Lebensqualität

Der Gedanke, dass sich im Leben alles verändert, ist für die meisten Menschen weder neu noch überraschend. Überraschend mag aber doch das Ausmaß sein, in welchem wir die *Kontrolle* über diese Veränderungen in unserem Leben haben oder sie *erschaffen.*

Folgende Aussage ist sehr umfassend gültig: *Ihre Lebensqualität hängt davon ab, in welchem Ausmaß Sie die Veränderungen, die sich auf diese Lebensqualität auswirken, kontrollieren oder sie erschaffen.*

Die letzte Übung sollte Ihnen die Möglichkeit bieten, auf einen Blick einzuschätzen, wie Sie bisher mit diesem Punkt zurechtkamen.

Denkpause

Aufgabe

Protokollieren Sie in der kommenden Woche alles, was sich in Ihrem Leben verändert. Termine, Verabredungen, Umstände ... es spielt keine Rolle. Halten Sie nur einfach alles fest, was sich ändert.

Notieren Sie dann neben jedem Eintrag, ob Sie diese Veränderung aktiv herbeigeführt haben oder sich nur als deren Auswirkung erlebend erfahren haben.

Rechnen Sie am Ende der Woche aus, zu wie viel Prozent Sie sich in jeder der beiden Kategorien befunden haben. Bringen Sie diese Information zu nächsten Sitzung Ihrer Arbeitsgruppe mit oder notieren Sie sie in Ihrem Journal.

3.4 Ändern Sie Ihr Lebensziel

Manche Menschen mögen sich vielleicht jetzt zu einer Änderung ihres Lebensziels entscheiden, weil ihnen klar geworden ist, dass der Sinn und Zweck ihres Lebens darin besteht, sich zu ändern, das heißt, sich weiterzuentwickeln.

Lassen Sie mich das wiederholen: *Der Sinn und Zweck des Lebens besteht in der Veränderung.* Vielleicht haben Sie das nie so gesehen. Dennoch ist es so.

Nun ist das für manche Leute die aufregendste Aussage, die sie je gehört haben. Und für andere die deprimierendste, weil sie ihr ganzes Leben damit zugebracht haben, immer die- oder derselbe zu sein, zur *Stabilität* zu gelangen. Sie strebten nach *Unveränderlichkeit* in einem Universum, das einen solchen Zustand nicht kennt und ihn deshalb auch nicht herstellen kann.

Wie ich Ihnen schon früher darlegte, hört auch Gott nie auf, sich zu ändern. Und für viele könnte das die deprimierendste aller Aussagen sein. Denn für viele, die auf eine sich ewig wandelnde Welt als Beweis für das Chaos (und Böse) im Leben hinweisen, ist ihr ewig unveränderlicher Gott ihr Hafen im Sturm, ihre Zuflucht und ihre Stärke. Die Vorstellung, dass auch Gott sich ewig ändert, ist für sie mehr als entmutigend. Sie ist Gotteslästerung. Ihr Glauben wurzelt in der Überzeugung, dass Gott das Große Unveränderliche und Unwandelbare ist.

Doch in *Gespräche mit Gott* wird uns nicht nur gesagt, dass Gott sich ewig verändert, sondern auch, dass diese ewige Wandlung das ist, *worum es in allem Leben geht.* Oder um es anders auszudrücken:

Wenn Sie jedes Lebensereignis als Evolutionsprozess ansähen, würde sich dann etwas an Ihrer Betrachtungsweise von diesen Ereignissen in Ihrem Leben und dem anderer Menschen ändern?

Leitgedanke 14
Das Ziel der Seele ist Evolution.

Wandel oder Veränderung kann natürlich etwas herbeiführen, was manche Leute als »schlechte Dinge« bezeichnen würden. Doch Veränderung – Evolution – ist unausweichlich. Das mag auch erklären, warum »guten Menschen schlechte Dinge widerfahren«, wie manche es ausdrücken.

Der am schwersten verständliche Aspekt dieses Leitgedankens von uns selbst als Schöpfer unserer eigenen Realität ist zweifellos der, dass viele Leute sich fragen und nicht begreifen können, warum wir dann, warum *irgendjemand,* so genannte negative Erfahrungen in die Schöpfung einbringen.

Eine Frage, die mir verständlicherweise häufig gestellt wird, betrifft die Kinder. »Warum sollte ein unschuldiges kleines Kind physische Folter und Misshandlung, sexuellen Missbrauch und andere so grauenhafte Erfahrungen wie Entführung und sogar den Tod auf sich ziehen? Man kann doch ganz gewiss nicht sagen, dass diese Kinder sich das selbst erschaffen?«

Wir können diesen schwierigen Punkt nur durch ein tieferes Verständnis des 14. Leitgedankens begreifen.

Das Ziel der Seele ist ganz klar ihre Evolution. ... Sie bekümmert sich nicht um die Leistungserfolge des Körpers oder um die geistige Entwicklung. Diese sind für die Seele alle ohne Bedeutung.

Der Seele ist auch klar, dass ihr Verlassen des Körpers keine große Tragödie bedeutet. In vielerlei Hinsicht besteht die Tragödie in ihrer Existenz im Körper. Ihr müsst also verstehen, dass die Seele die ganze Sache mit dem Tod anders sieht. GMG I, Seite 131/132

Wir verstehen die ganze Sache noch besser, wenn wir allmählich erkennen, wie das Gesetz der Gegensätze seine Wirkung auf unser Leben entfaltet und uns beim Erschaffen, Sein und Erfahren, wer-wir-wirklich-sind, behilflich ist.

Dieses Gesetz, das in seinen Einzelheiten in verschiedenen Abschnitten von GMG erläutert und in diesem Arbeitsbuch in 1.5 besprochen wird, besagt, dass im Reich des Relativen, das wir miterschaffen haben und in dem wir residieren, nichts ohne sein exaktes Gegenteil existieren kann (Leitgedanke 5, Seite 76).

Viele Menschen leben ein ganzes Leben, ohne diese außergewöhnliche und weise Erkenntnis zu erfassen und zu akzeptieren. Doch *Gespräche mit Gott* konfrontiert uns immer wieder mit ihr, kommt immer wieder auf sie zurück, so wie wir es auch hier getan haben. Wir sollen in diese Wahrheit eintauchen, sie in ihrer Klarheit erfahren, die für uns viele Rätsel löst. Dann können wir auch für jede Lebenserfahrung dankbar sein. Denn die Seele muss letztlich »*alles* davon« erfahren und erleben, um sich als »*irgendetwas* davon« erfahren und erleben zu können.

Wie kann sie oben sein, wenn sie nie unten war, links, wenn sie nie rechts war? Wie kann sie warm sein, wenn sie nie das Kalte kennenlernte, gut, wenn sie das Böse verweigert? Ganz offensichtlich kann die Seele keine Wahl für irgendetwas treffen, wenn es nichts zu wählen gibt. GMG I, Seite 134

Übung

Führen Sie die drei letzten größeren Entscheidungen auf, die Sie in Bezug auf Ihr Leben getroffen haben, oder die letzten drei Dinge, die Sie in Bezug auf sich selbst beschlossen haben. (Ich bin gut, ich lebe in der Fülle, ich werde geliebt etc.) Bemühen Sie nun Ihr Gedächtnis und erinnern Sie sich an die ersten paar Erfahrungen, die Ihnen das Leben unmittelbar nach Ihrer Entscheidung brachte.

Eine kürzlich getroffene Wahl

____

Das erste, das nach meiner Erinnerung danach geschah

____

Eine kürzlich getroffene Wahl

____

Das erste, das nach meiner Erinnerung danach geschah

____

Eine kürzlich getroffene Wahl

Das erste, das nach meiner Erinnerung danach geschah

Denkpause

Aufgabe

Beobachten Sie in dieser Woche, wie das Gesetz der Gegensätze sich in seiner Wirkung in Ihrem Leben entfaltet, indem Sie die obige Übung die ganze Woche hindurch fortsetzen. Führen Sie die wichtigen Entscheidungen auf, die Sie diese Woche treffen, und schreiben Sie dann Ihre Beobachtungen und Erfahrungen auf. Schauen Sie, ob Sie allmählich augenscheinlich gegensätzliche Kräfte als freundlich gesinnte Energien ausmachen können, die Ihnen goldene Gelegenheiten verschaffen, über Ihre nächste größte Vorstellung über wer-Sie-wirklich-sind zu entscheiden, sie zu verkünden, sie zu werden und zum Ausdruck zu bringen, sie zu erfahren und zu erfüllen.

3.5 Was glauben Sie, wer Sie eigentlich sind?

Als keiner Junge war ich die Art von Kerlchen, die manche Leute als »neunmalklug« bezeichnen würden, was meinem Vater Anlass gab, mich unzählige Male zu fragen: »Was glaubst du, wer du eigentlich *bist*?« Ich habe den Rest meines Lebens mit dem Versuch verbracht, eine Antwort auf diese Frage zu finden.

Auch Sie versuchen, diese Frage zu beantworten – ob Ihnen das nun bewusst ist oder nicht. Das ist im Grunde die einzige Frage im Leben. Was glauben Sie, wer Sie eigentlich sind? Eines kann ich Ihnen hier versichern: Sie werden schließlich genau das sein, was und wer Sie zu sein *glauben*.

Leitgedanke 15

Wir sind der oder die, der oder die wir zu sein glauben. Wir sind unsere sich manifestiert habenden Gedanken über unsere eigene Person.

Nun mag da eine gewisse Kluft bestehen zwischen der Person, die Sie zu sein glauben, und dem, wer-Sie-wirklich-sind.

Diese Kluft ist der Unterschied zwischen dem, was Sie selbst über sich denken, und was Gott über Sie denkt.

Wenn Sie so über sich dächten, wie Gott über Sie denkt, würden Sie sehr häufig lächeln. Aber die meisten Menschen denken nicht so über sich, wie Gott über sie denkt; sie sehen sich nicht so, wie Gott sie sieht, und sie begreifen sich nicht als das, was sie, wie Gott *weiß*, sind.

Gott selbst drückte das in GMG so aus: »Doch wenn ich euch sagte, dass ihr aus Gott geboren seid – dass ihr bei der Geburt reine Götter und Göttinnen, reine Liebe seid, würdet ihr mich ablehnen.

Euer ganzes Leben habt ihr damit verbracht, euch die Überzeugung einzuhämmern, dass ihr schlecht seid. Und nicht nur das, sondern auch, dass die Dinge, die ihr haben wollt, schlecht sind: Sex, Geld, Freude, Macht. Eine Menge – von was auch immer – zu haben, ist auch schlecht. ...

Nein, mein Freund, ihr seid euch vielleicht über viele Dinge nicht im Klaren, aber eines steht für euch felsenfest: Ihr seid schlecht, und das meiste von dem, was ihr euch sehnlichst wünscht, ist ebenfalls schlecht.«

Und weil viele Menschen so denken, hielt ich es für wichtig, einen Abschnitt dieses Arbeitsbuches dieser einzigen, sehr großen Botschaft zu widmen. Es wird Ihnen auffallen, dass es diesmal keine Übungen, keine Aufgaben und keine Experimente gab. Nur ein bisschen Weisheit aus GMG über wer-Sie-wirklich-sind.

Und sollten Sie sich darüber nicht ganz im Klaren sein, dann werfen Sie mal einen Blick darauf, wie Gott Sie sieht.

Ihr seid das Gute und Erbarmen und Mitgefühl und Verständnis. Ihr seid Friede und Freude und Licht. Ihr seid Vergebung und Geduld, Stärke und Mut, Helfer in Zeiten der Not, Tröster in Zeiten des Leids, Heiler in Zeiten der

Verletzung, Lehrer in Zeiten der Verwirrung. Ihr seid die tiefste Weisheit und die höchste Wahrheit; die höchste Freude und die großartigste Liebe. Diese Dinge seid ihr. Und es gibt Momente in eurem Leben, in denen ihr euch als alle diese Dinge erkannt habt.

Trefft nun die Wahl, euch immer als diese Dinge zu erkennen. GMG I, Seite 138/139

Denkpause

Zusatzfragen

aus GMG I, Kapitel 3

1. Wir haben in Bezug auf den Schöpfungsprozess einen Bund mit Gott geschlossen. Was ist unsere Rolle in diesem Bund?
2. Der Schöpfungsprozess beinhaltet, dass wir drei Aspekte unserer selbst miteinander in Einklang bringen. Welche drei Aspekte sind das?
3. Welche Göttliche Absicht steckt hinter unserem Vergessen, wer-wir-wirklich-sind?
4. Was hat Gott von diesem Prozess, bei dem wir wieder neu erschaffen, wer-wir-wirklich-sind?
5. Worin bestehen die ersten Schritte, damit Ihr Leben »abhebt«?

6. Nennen Sie einige Dinge, in denen sich, laut GMG, Ihr Leben verbessern wird, wenn Sie diese Schritte befolgen.
7. Wie beschwören Sie sich selbst herbei? Wie erschaffen Sie sich wieder neu?
8. Mit einer schmerzlichen Erfahrung im Leben gehen wir am besten um, indem …
9. Was ist das Verlangen der Seele?
10. Die Seele strebt nur nach guten Gefühlen. *Richtig oder unrichtig?*
11. Was ist die Folge davon, dass wir uns selbst für »schlecht« halten?
12. Es ist hochmütig von uns, und es tut der Seele nicht gut, wenn wir uns selbst für gut oder göttlich halten. *Richtig oder unrichtig?*

4

Hören Sie mit den Lernversuchen auf

Kürzlich wurde ich von einer jungen Frau beiseite genommen, die zu einem meiner Vorträge gekommen war. »Wie kann ich mehr über mich lernen?«, fragte sie mit tiefem Ernst. »Ich bin auf einer Selbstfindungsreise«, erklärte sie dann.

»Nein, das sind Sie nicht«, erwiderte ich. »Ihr Leben hat nichts mit Selbstfindung zu tun. Und Sie haben nichts zu lernen.«

»Nicht?«, fragte sie etwas verdutzt.

»Nein«, versicherte ich ihr. Und dann sagte ich, sie solle aufhören, überall nach »Antworten« – welcher Art auch immer sie sein mögen – zu suchen und stattdessen anfangen, nach *Fragen* Ausschau zu halten; nach den Fragen, die in ihrem Leben die wichtigsten sind – und auf *diese* dann *Antworten geben.*

Leitgedanke 16
Das Leben ist kein Entdeckungsprozess; es ist ein Schöpfungsprozess.

Unser Leben scheint von Anfang bis Ende mit Fragen durchsetzt zu sein. Und für die meisten von uns wurde es zu einem Prozess der ständigen Suche nach Antworten. Wir sagen, dass wir versuchen, »uns selbst zu finden«, dass wir »Wahrheitssuchende« sind und so weiter. Doch bei all dem, und so ehrlich wir es auch gemeint haben mögen, haben wir die Sache vielleicht verkehrt herum angefangen.

Ihr lebt nicht, um zu entdecken, was jeder Tag für euch bereit hält, sondern um ihn zu erschaffen. Ihr erschafft eure Realität jede Minute und wahrscheinlich ohne es zu wissen. GMG I, Seite 143/144

Wenn wir beschließen, Antworten zu *liefern* statt sie zu suchen, sind wir von der Anfängerstufe zur Mittelstufe gewechselt. Die nächste Stufe ist die des fortgeschrittenen Schülers. Danach kommt der ... Meister.

Diese Unterteilung habe ich natürlich erfunden. Ich will damit nur etwas klar machen. Gott möchte, dass wir einen Platz im Universum einnehmen, den man den des Schöpfers nennt. Alles, was weniger ist, ist eine Lüge über uns.

Übung

Schlagen Sie Seite 144 von GMG I auf und lesen Sie die zehn Punkte zur Verwirklichung des Selbst als Schöpfer. Wechseln Sie sich beim Vorlesen in der Arbeitsgruppe ab. Nehmen Sie den Text auf Tonband auf, wenn Sie allein arbeiten, und hören Sie dann die Kassette ab.

Für Arbeitsgruppen kann es möglicherweise wohltuend

und inspirierend sein, wenn Sie diese zehn Punkte vor manchen Ihrer Treffen als Bestandteil Ihres Eröffnungsrituals laut vorlesen. Wenn Sie alleine arbeiten, können Sie die Kassette regelmäßig anhören.

Weiterführende Diskussion
Halten Sie an Ihrem ursprünglichen schöpferischen Gedanken fest

Wenn Sie sich diese zehn Punkte einprägen, werden Sie »aufwachen«! Sie werden nicht länger durchs Leben schlafwandeln, sondern sich darüber bewusst sein, was Sie denken, sagen und tun – und wie sich das auf Ihr Leben auswirkt.

Dann haben Sie die Chance, alles, was Sie denken, sagen und tun und sich nicht in Übereinstimmung mit dem befindet, was Sie Ihrer Wahl nach in Ihr Leben rufen wollen, zu verändern. In GMG finden Sie diese Aufforderung: »Verbanne sämtliche negativen Gedanken aus deinen mentalen Gebäuden. Verliere jeglichen Pessimismus. Entlasse alle Zweifel. Sag dich von allen Ängsten los. Diszipliniere deinen Geist und bring ihn dazu, am ursprünglich schöpferischen Gedanken festzuhalten.«

Sie können dies trainieren. »Schau, wie gut du es dir beigebracht hast, es nicht zu tun!«, steht in GMG zu lesen.

Denkpause

Experiment

Nehmen Sie Ihr Notizheft und beginnen Sie mit einem Tagebuch über alle Fragen zum Leben (sie können »wichtig« oder »unwichtig« sein, das spielt keine Rolle), die Ihnen im Verlauf dieser Woche kommen. Nennen Sie es Ihr Schöpfungs-Tagebuch. Gehen Sie am Ende eines jeden Tages diese Fragenliste noch einmal durch und geben Sie auf jede Frage eine Antwort. Wenn Sie die Antwort nicht wissen – Achtung, jetzt kommt der machtvolle Teil – dann *erfinden Sie eine*. Geben Sie der Frage die Antwort, die Ihnen am besten gefällt.

Schreiben Sie Ihre Antworten auf. Diese schriftliche Form verleiht ihnen mehr Macht und Stärke. Verpflichten Sie sich, diese Ideen vom nächsten Tag an bei jedem Ihrer neuen Gedanken und Worte und jeder neuen Tat in die Realität umzusetzen.

Als zweiten Teil des Experiments versuchen Sie, durch die nächsten sieben Tage zu kommen, *ohne irgendjemand anderem auch nur eine einzige Frage zu stellen*. Schauen Sie, ob es Ihnen möglich ist, durchs Leben zu gehen, ohne jemals irgendjemandem irgendeine Frage zu stellen.

Das könnte eine spektakuläre Bestätigung der Wahrheit sein, dass Sie in Ihrem Innern über ein enormes Wissen, Verständnis und über enorme Kraft verfügen. Dass Sie außerdem die Fähigkeit besitzen, aus äußeren Quellen alles an Daten und Informationen heranzuziehen, was Sie zur Aktivierung Ihrer inneren Ressourcen und zur Erschaffung von allem, was Sie wählen, brauchen.

Dazu gebe ich Ihnen einen Tipp: Sie können das Universum veranlassen, Ihnen jede benötigte Information zukommen zu lassen, indem Sie ganz einfach Fragen in »Befehle« umwandeln.

Aus: »*Wie spät ist es?*« wird: »*Bitte sagen Sie mir, wie spät es ist.*« Aus: »*Wissen, Sie, wie ich nach San Jose komme?*« wird: »*Bitte, ich möchte gerne wissen, wie ich nach San Jose komme.*«

Sie werden entdecken, dass die Welt sich beeilen wird, Ihnen das zukommen zu lassen, was Sie auf diese Weise herbeirufen. (Vor allem, wenn Sie es auf ruhige und freundliche Art tun.)

Bereiten Sie sich auf einen Bericht über Ihre Erfahrungen in der nächsten Sitzung Ihrer Arbeitsgruppe vor. Was hat es Ihnen gebracht? Was ist Ihnen aufgefallen? Beschreiben Sie Ihre Erfahrungen in Ihrem Journal, wenn Sie allein arbeiten.

Zusatzfragen
aus GMG I, *Kapitel 4*

1. Welches ist die einzige Art und Weise, wie wir den falschen Weg einschlagen und nicht unser Ziel der Rückkehr zu Gott erreichen können?
2. Warum ist der ständige Versuch des Menschen, »sich selbst zu finden« und das Geheimnis des Lebens zu entdecken, zum Scheitern verurteilt?
3. Welche drei Aspekte unseres Wesens sind bei der Schöpfung beteiligt?
4. Welche Beziehung besteht zwischen Wissen und Dankbarkeit?
5. Warum sollten Sie Ereignisse oder Handlungen, die Ihnen nicht gefallen, nicht verurteilen?

6. Warum erschaffen wir so oft Ereignisse, die nicht das sind, was wir wollen?
7. Wie können Sie am besten vermeiden, etwas zu erschaffen, was Sie nicht wollen?

5

5.1 Wie Gott »herrscht«

Gott »herrscht« über das gesamte Universum und alles Leben. Das ist keine Frage. Darin sind sich alle Religionen einig. Die wirkliche Frage ist, *wie* »herrscht« Gott? Wie übt er seine absolute Macht aus? Wie demonstriert er seine höchste Autorität? Darüber sind sich viele Religionen *nicht* einig.

GMG liefert uns eine erstaunliche neue Antwort auf diese Fragen. Gott, so heißt es da, *gebietet überhaupt nicht.* Das heißt, Gott »herrscht«, ohne zu gebieten.

Wem sollte ich gebieten? Mir selbst? Und warum wären solche Gebote erforderlich? Was immer ich will, das ist. Oder etwa nicht? Wie sollte es da also nötig sein, irgendjemandem zu gebieten? GMG I, Seite 150

Dieser Antwort fügt Gott noch eine verblüffende Frage hinzu: »Wie könnte ich so sehr wünschen, dass etwas so sein soll, *dass ich es gebiete* – um dann dazusitzen und mir anzusehen, dass es nicht so ist? Welcher König würde das tun? Welcher Herrscher?«

Kein natürlicher. Gott erklärt, dass er weder ein König

noch ein Herrscher ist, sondern ganz einfach, und ehrfurchtgebietend, der Schöpfer. Und als der Schöpfer übt Gott nur eine einzige Funktion aus. Er erschafft, erschafft und erschafft immerfort. Und das ist wohl spektakulär genug. Gott muss seine Schöpfung nicht mit eiserner Hand regieren, damit er einige Befriedigung daraus ziehen kann.

Die Folge ist also:

Leitgedanke 17
So etwas wie die Zehn Gebote gibt es nicht.

Das ist vielleicht einer der bemerkenswertesten Leitgedanken in einem Buch, das voller bemerkenswerter Grundgedanken ist. Es ist eine beachtliche Offenbarung, die den Menschen erlaubt, ihren Ort der Angst in Bezug auf Gott endlich zu verlassen.

Übung

Beantworten Sie in der Diskussionsrunde, wenn Sie sich in einer Arbeitsgruppe befinden, oder in Ihrem Journal, wenn Sie allein arbeiten, folgende Fragen:

1. Ist es möglich, dass diese erstaunliche Aussage wahr ist?
2. Wenn es keine Gebote gibt, was *hat* dann Moses seinem Volk mitgebracht? Wie und warum kam es dazu, dass dies als von Gott erlassene Gebote interpretiert wurde?
3. Wie kann die Welt ohne diese Gebote leben? Was hält uns davon ab, »Schlechtes« zu tun, wenn es keine Verfügungen dagegen gibt?

4. Wen, wenn Gott das Alles-in-Allem, die Summe von Allem, das Alpha und Omega ist, würde Gott bestrafen, wenn die Gebote nicht eingehalten werden?

Das zentrale Thema in unserer Beziehung zu Gott ist Folgendes: Um was für eine Art von Beziehung handelt es sich?

Ist Gott unser Herr und Meister, dem wir unter Androhung einer Strafe, schlimmer als der Tod, gehorchen müssen? Oder ist Gott eine andere Art von Meister, der von uns nichts will und braucht, uns bedingungslos liebt, und dessen größte Freude es ist, uns erschaffen zu lassen, *was immer wir wollen*?

Ist es möglich, dass Gott in dieser Sache tatsächlich keine Präferenzen hat? Viele Menschen glauben, dass Gott durchaus, was unsere Lebensweise, unsere Entscheidungen, den Weg, den wir gehen, betrifft, persönliche Vorlieben hat. Was denken Sie?

Spielen wir ein kleines Spiel. Stellen wir uns vor, dass Gott Präferenzen hat, und stellen wir uns weiterhin vor, dass *wir sie kennen.* (Das ist die Position, die die meisten institutionalisierten Religionen der Welt vertreten.)

Übung

Im Folgenden finden Sie eine Reihe von üblichen menschlichen Erfahrungen und Aktivitäten aufgeführt. Schreiben Sie auf, wie Sie persönlich sich verhalten würden und notieren Sie dann die Präferenzen, die Sie Gott zuschreiben würden.

Sie sind zu einem unerwarteten romantischen sexuellen Abenteuer mit einer alleinstehenden Person eingeladen, zu der Sie sich sehr hingezogen fühlen.
Meine Präferenzen

Gottes Präferenzen

Sie helfen jemandem, »Gott zu finden«, und diese Person bietet Ihnen als Ausdruck ihrer großen Dankbarkeit 3.000 Mark als Geschenk an.
Meine Präferenzen

Gottes Präferenzen

Sie und Ihre Partnerin/Ihr Partner »sind schwanger«. Sie wollen beide im Moment kein Kind.
Meine Präferenzen

Gottes Präferenzen

Sie schlagen ein Magazin auf und stellen fest, dass es einige pornografische Fotos enthält.
Meine Präferenzen

Gottes Präferenzen

Sie haben die Gelegenheit, sich bei einer Party mit Freunden ein paar Drinks zu genehmigen.
Meine Präferenzen

Gottes Präferenzen

Sie haben die Gelegenheit, bei einer Party mit Freunden ein bißchen Haschisch zu rauchen.
Meine Präferenzen

Gottes Präferenzen

Ihnen wird »viel Geld« für das Schreiben eines Artikels über die Probleme der Armen angeboten.
Meine Präferenzen

Gottes Präferenzen

Denkpause

Aufgabe

Fertigen Sie in dieser Woche ein Protokoll über die Urteile, die Sie fällen, an. Nehmen Sie dazu ein Notizheft und führen Sie ein kleines Urteile-Journal. Machen Sie jeden Abend einen Eintrag, versuchen Sie, sich an alle Urteile zu erinnern, die Sie an diesem Tag über andere Personen, Orte oder Dinge gefällt haben. Erstellen Sie auch eine Liste von Urteilen, die Sie über sich selbst oder etwas, das Sie gewesen sind oder getan oder gehabt haben, fällten. Seien Sie ehrlich. Aber fangen Sie nicht an, sich bei allem, was Sie tun, selbst zu beurteilen, nur um ein Urteil zu fällen. Achten Sie nur darauf, wann Sie es tun, und notieren Sie das.

Bringen Sie die Aufzeichnungen zur nächsten Arbeitsgruppensitzung mit und sprechen Sie in der Gruppe darüber. Erstellen Sie eine Liste von Urteilen oder Bewertungen, die Sie alle gemeinsam teilen. Sprechen Sie dann darüber, wie Gott Ihrem Gefühl nach über diese Dinge urteilt.

5.2 Der Entsagung entsagen

Es schwirrten in den letzten x-tausend Jahren viele Vorstellungen über den Weg zu Gott, zur Erleuchtung, zum Nirvana und über das heilige Leben von wahrhaftig heiligen Menschen herum. Und eine der vorherrschendsten Vorstellungen ist die, dass die Entsagung »Der Weg« ist.

Doch das ist er nicht.

Jedenfalls nicht unbedingt.

Natürlich ist *jeder* Weg der Weg, den Sie gehen sollen, wenn er Sie dahin bringt, wo Sie hinwollen. Aber eine der wesentlichen Botschaften von GMG besagt, dass es keinen »richtigen Weg« gibt, den es einzuschlagen gilt. Es gibt keinen »richtigen Weg« oder »falschen Weg«, es gibt nur den Weg, auf dem Sie sich befinden.

Das bedeutet, dass die Praxis der Entsagung, so wie die meisten Menschen sie verstehen (bei der wir alle irdischen Leidenschaften und physischen Begierden »aufgeben«), weder der einzige Weg zur Erleuchtung, noch irgendwie nötig ist, um Erleuchtung zu erlangen. Sie ist einfach ein Weg, eine Möglichkeit. Sie ist ganz einfach die Präferenz einer Person; die Wahl einer Gruppe. Nicht anders als die Baptistenkirche und der jüdische Glaube und die buddhistische Philosophie und das Dao. Und so weiter und so weiter und so weiter ... scheinbar bis in alle Ewigkeit.

Unseren Wahlmöglichkeiten und Gelegenheiten sind

keine Grenzen gesetzt, die Vielfalt unserer Wege ist unendlich.

… Entsagung im klassischen Sinn von Selbstverleugnung ist nicht erforderlich. Ein wahrer Meister »gibt nicht irgend etwas auf«. Er legt es nur beiseite, wie er mit allem verfahren würde, das er nicht länger brauchen kann.

GMG I, Seite 157

Es ist natürlich ein riesiger Unterschied, ob man sich von etwas einen Schritt weg bewegt oder etwas »beiseite legt«, oder ob man etwas aufgibt. Es findet ein enormer Bewusstseinswandel statt, wenn wir nicht mehr etwas (unseren leidenschaftlichsten Trieben und Wünschen) widerstehen, sondern akzeptieren, dass dieses Etwas das ist – und wir es dann ganz einfach nicht wählen. Es funktioniert nie lange, wenn wir unseren Impulsen und tiefsten Trieben widerstehen, denn eine große Wahrheit ist:

Leitgedanke 18
Das Ding, dem du dich widersetzt, bleibt bestehen.

Tatsächlich gehört es zu den Ironien des Lebens, dass ein Ding, dem Sie sich widersetzen, allein schon durch diesen Akt dahin *gesetzt wird*. Denn Sie können sich nicht etwas widersetzen, das gar nicht existiert. Mit diesem Widersetzen verkünden Sie also dem Universum, dass *Sie glauben, dass etwas Etwas da ist*. Und natürlich wird sich das, was Sie glauben, in Ihrer Realität manifestieren.

Übung

Können Sie sich an Dinge in Ihrem bisherigen Leben erinnern, die Sie anfänglich als »negative Sache« erlebten, die aber plötzlich gar nicht mehr so schlimm waren, sobald Sie Ihren Widerstand gegen sie aufgaben?

Schauen Sie, ob Sie eine Liste wie unten aufstellen können, und tauschen Sie sich, wenn Sie in einer Arbeitsgruppe sind, darüber aus. Als Beispiele habe ich ein paar von meinen ursprünglichen negativen Erfahrungen aufgeführt, die mir gar nicht mehr so negativ zu sein schienen, sobald ich meinen Widerstand gegen sie aufgab:

- Spinat
- Zum Zahnarzt gehen
- Rechnungen bezahlen
- Das wiederholte Anhören der »Kriegsgeschichten« meines Vaters
- Strandspaziergänge in Jesuslatschen
- Mir Blut abzapfen lassen
- Das Bett mit einer schnarchenden Person teilen
- Ein wirklich sehr dickes und schweres Buch lesen
- Mit jemandem Einkaufen gehen, der nicht weiß, was er will
- In der Warteschlange stehen, die ins Stocken gerät, sobald ich mich angestellt habe

Ich habe im Laufe meines Lebens gelernt, diese vormals negativen Erfahrungen in positive umzuwandeln, indem ich ganz einfach meine Sichtweise veränderte. Ich habe aufgehört, mich ihnen zu widersetzen, und wie durch Zauberei löste sich das Moment des Negativen auf. Zwar mögen sich die äußeren Umstände nicht geändert haben, *wohl aber die Art und Weise, wie ich sie erlebe.*

Ich habe nicht nur aufgehört, mich so genannten negativen Erfahrungen zu widersetzen, ich habe auch aufgehört, meine Leidenschaften als »etwas Schlechtes« zu bezeichnen und ihnen zu widerstehen. Ich habe aufgehört, mich dafür, dass ich sie habe, zu verurteilen, mich ins Unrecht zu setzen. Wenn nun meine Leidenschaft für etwas ins Spiel kommt, nehme ich einfach zur Kenntnis, worauf sie sich richtet. Dann schaue ich mir an, ob es mir dient, ihr jetzt – oder überhaupt jemals – nachzugeben.

Denkt daran, dass ihr euch ständig erschafft. Ihr entscheidet in jedem Moment, wer und was ihr seid. Ihr entscheidet das weitgehend durch die Wahl, die ihr hinsichtlich derjenigen und jener Dinge trefft, für die ihr eine Leidenschaft verspürt. GMG I, Seite 158

Manche Leidenschaften sind durchaus als »gut« zu bezeichnen, je nach dem, was Sie sein oder tun möchten. So kann zum Beispiel jemand eine »Leidenschaft für Gott« hegen oder leidenschaftlich gerne anderen helfen. Leidenschaften sollten also für sich genommen nicht gemieden werden. Ja, die Leidenschaft ist es, die den Motor menschlicher Erfahrung antreibt.

Übung

Führen Sie zehn Dinge auf, für die Sie eine gewaltige Leidenschaft hegen oder einmal hegten. Blicken Sie nicht nur auf die Gegenwart, graben Sie auch in Ihrer Vergangenheit, um sich an einige davon zu erinnern. Tragen Sie nun im folgenden Formular ein, welche Leidenschaften Ihnen heute dienlich sind (helfen, ein Ziel zu erreichen; Ihnen Freude machen, Ihnen Gutes oder Nutzen bringen) und welche nicht.

Leidenschaften, die ich hatte oder habe	Diente mir damals	Dient mir jetzt	Wird mir wahrscheinlich in Zukunft dienen

Weiterführende Diskussion

Was ist zur »Meisterschaft« erforderlich?

Zu Beginn des Kapitels 5.2 habe ich von der »Entsagung, so wie die meisten Menschen sie verstehen«, gesprochen. Diese habe ich bewusst gewählt.

Hat man Ihnen erzählt, dass Sie um Ihrer spirituellen Entwicklung willen irgendeiner Sache entsagen müssen? Welcher?

Die meisten Menschen verstehen unter Entsagung, dass sie etwas ablehnen oder von sich weisen müssen. Das heißt, sie müssen etwas verurteilen, zumindest aber »aufgeben«, weil es spirituell oder physisch gesehen »schlecht«, »nicht in Ordnung« oder »ungesund« ist. Doch die wahren Meister und Meisterinnen verstehen die Bedeutung des Wortes in seiner Anwendung auf den spirituellen Prozess anders. Für sie gibt es nie ein Entsagen im Sinn von Aufgeben, und schon gar kein Verurteilen oder gar Verdammen von irgendetwas – denn Meisterinnen und Meister verurteilen nicht.

Wie in GMG dargelegt wird, bedeutet die Verurteilung von etwas eine Verurteilung Gottes, denn nichts, was geschaffen wurde, wurde in der Abwesenheit Gottes erschaffen. Somit verurteilen Sie den Schöpfer, wenn Sie die Schöpfung verurteilen.

Meister und Meisterinnen verurteilen also nicht und machen auch nicht die Erfahrung, dass sie »etwas aufgeben« müssen. Für sie bedeutet der Akt der Entsagung, was beiseite zu legen, so wie man das Spielzeug seiner Kindheit beiseite räumt, wenn man ihm entwachsen ist. Es geht um ein Beiseitetreten, so wie wir einem herannahenden Zug, einer Baustelle oder einem Straßenschacht ausweichen. Wir »geben« die Baustelle »nicht auf«, wir gehen nur einfach um sie herum.

Denkpause

Übung

Erstellen Sie in dieser Woche eine Liste von allem, wovon Sie sich in Ihrem bisherigen Leben entfernt, was Sie beiseite – oder abgelegt – haben. Das können Personen, Orte oder Dinge sein. Alles, angefangen beim Spielzeug aus Ihrer Kindheit über vergangene Freundschaften bis hin zu Gewohnheiten, die Sie durchbrochen haben.

Führen Sie keine Dinge auf, die Ihnen genommen wurden, sondern nur solche, die Sie ganz bewusst abgelegt, von denen Sie sich ganz bewusst verabschiedet haben.

Notieren Sie dann neben diesen Dingen den Grund, warum Sie das jeweilige Ding oder die jeweilige Erfahrung abgelegt haben, und in welcher Weise Ihnen das dienlich war.

Fertigen Sie schließlich vor Beginn der nächsten Woche eine zweite Liste von allem an, was Ihnen aus Ihrer Sicht gegenwärtig nicht länger in Ihrem Leben dient – nicht länger eine Erklärung dessen, wer-Sie-sind, darstellt. Bringen Sie diese Liste in Ihre Arbeitsgruppe mit (oder schreiben Sie sie in Ihr Journal) zusammen mit einer Erklärung, wann Sie gedenken, sich auch davon zu verabschieden oder es abzulegen.

5.3 Keine Erwartungen mehr hegen

Dem oder der »Entsagenden« ist Leidenschaft alles. Das bedeutet oft eine überraschende Offenbarung für alle jene, die sich um das Erlangen der Meisterschaft bemühen. Doch für Meisterinnen und Meister ist dies offensichtlich.

Leidenschaft ist die Liebe, das Sein in Handlung zu verwandeln. Sie treibt die Maschine der Schöpfung an. Sie verwandelt Vorstellungen in Erfahrung. ... Verweigere dich nie der Leidenschaft, denn das heißt, dich dem verweigern, wer-du-bist und wer-du-wirklich-sein-willst. Entsagung verwehrt sich nie der Leidenschaft – Entsagung verweigert sich einfach dem Anhaften an Resultaten. GMG I, Seite 159

Ein Leben ohne Erwartung – ohne das dringende Bedürfnis nach bestimmten Resultaten zu haben – *das* ist Freiheit. Das ist Göttlichkeit.

Leitgedanke 19
Leidenschaft ist nicht Erwartung, und Erwartung ist nicht Leidenschaft.

Eine Leidenschaft für etwas zu hegen, heißt nicht unbedingt, dass man eine Erwartung damit verbindet. Das »Hegen einer Leidenschaft« für etwas ist das, was uns zu einer Erfahrung treibt. Es ist das, was uns motiviert und inspiriert. Das »Hegen einer Erwartung« hingegen ruiniert im allgemeinen das, wofür wir eine Leidenschaft hegten.

Im Bereich der sexuellen Erfahrung zeigt sich dies ganz besonders und vielleicht am augenfälligsten – daraus können wir etwas über Erwartungen und Leidenschaft *in allen Dingen des Lebens* lernen.

Übung

Was für einen Grund hätten Sie, irgendetwas zu sein, zu tun oder zu haben, wenn das Moment der Erwartung oder das eines bestimmten Resultats aus der Gleichung herausgenommen würde?

Führen Sie im Folgenden jeweils die drei Dinge auf, die zu sein, zu tun oder zu haben Sie Ihrer Erinnerung nach in letzter Zeit ganz bewusst gewählt haben. Beantworten Sie dann die dazu gestellten Fragen.

Dinge, die zu **sein** ich kürzlich gewählt habe

1. ____________________

2. ____________________

3. ____________________

Als mögliches Resultat dieses Seins erwarte ich mir

1. ____________________

2. ____________________

3. ____________________

Ein Grund, dieses Sein zu erschaffen, wenn es *kein* bestimmtes Resultat gäbe

1. ____________________
2. ____________________
3. ____________________

Die Dinge, die zu **tun** ich kürzlich gewählt habe

1. ____________________
2. ____________________
3. ____________________

Als mögliches Resultat dieses Tuns erwarte ich mir

1. ____________________
2. ____________________
3. ____________________

Ein Grund, dieses Tun zu erschaffen, wenn es *kein* bestimmtes Resultat gäbe

1. ____________________
2. ____________________
3. ____________________

Drei Dinge, die zu **haben** ich kürzlich gewählt habe

1. ____________________
2. ____________________
3. ____________________

Als mögliches Resultat dieses Habens erwarte ich mir

1. ____________________
2. ____________________
3. ____________________

Ein Grund, dieses Haben zu erschaffen, wenn es *kein* bestimmtes Resultat gäbe

1. ____
2. ____
3. ____

Weiterführende Diskussion

Die Frage, die Ihr Leben verändern wird

Es gibt nur einen Grund, um etwas zu sein, zu tun oder zu haben: Sie verkünden und erklären, Wer und Was Sie Ihrer Meinung nach Sind, und Wer und Was zu Sein Sie Wählen. Auf diesen Punkt wird in *Gespräche mit Gott* (und auch in diesem Arbeitsbuch) immer wieder hingewiesen.

Im Leben geht es darum, dass Sie erschaffen, wer-und-was-Sie-sind und dies dann erfahren und erleben.

Und genau das machen Sie auch gerade jetzt, ob Sie es wissen oder nicht. Ihre Vorstellung von Ihnen selbst ist in ihrer Auswirkung sehr machtvoll. Sie diktiert *jede* Wahl, die Sie treffen, *alle* Entscheidungen, die Sie fällen, je in Ihrem Leben gefällt haben und je fällen werden.

Wenn Sie zum Beispiel denken, dass Sie sich fürchten, werden Sie Entscheidungen treffen, die diese Vorstellung von Ihnen selbst widerspiegeln. Wenn Sie denken, dass Sie sich nicht fürchten, werden Sie andere Entscheidungen fällen. Wenn Sie denken, dass Sie wütend sind, werden Sie Entscheidungen fällen, die diese Vorstellung von Ihnen selbst widerspiegeln. Wenn Sie denken, dass Sie nicht wütend sind, werden Sie andere Entscheidungen fällen und so weiter.

Nun, wenn Sie einige Ihrer allzu lange aufrechterhaltenen Verhaltensmuster ändern wollen, dann besteht der Trick darin, dass Sie Ihre Vorstellung von Wer und Was Sie in bestimmten Umständen und Situationen Sind verändern.

Wenn Sie das nicht können, steht Ihnen noch eine zweite Route zur Verfügung. Dies ist quasi eine schmalere, langsamere Straße, die Sie aber doch an Ihr Ziel bringt. Fragen Sie sich einfach, welche Wahl Sie treffen würden, wenn Sie *nicht* dächten, dass Sie jetzt wütend, verängstigt, traurig oder was auch immer sind. Sagen Sie Ihrem inneren Selbst: »Schau, ich weiß, dass du im Moment … bist, aber nur mal so um der Erkundung willen, welche Wahl würdest du jetzt treffen, wenn du es nicht wärest?

Das ist eine transformative Frage, die Ihr Leben verändern wird.

Denkpause

Experiment

Fragen Sie sich, wenn Sie das nächste Mal verschnupft oder über etwas wütend sind, was zu sein, zu tun oder zu haben Sie wählen würden, wenn Sie *nicht* wütend wären.

Bedienen Sie sich immer dann dieser Technik, wenn Sie sich auf eine Art und Weise erleben, die Sie in der Vergangenheit dazu brachte, Entscheidungen zu fällen, die Ihnen nicht dienlich waren.

Führen Sie in dieser Woche Tagebuch darüber, wann und wie oft Sie diese Wenn-du-nicht-wärest-Technik einsetzten; schreiben Sie auf, was daraufhin geschieht. Sprechen Sie in der nächsten Arbeitsgruppensitzung darüber oder schreiben Sie einen Kommentar in Ihr Journal.

Zusatzfragen
aus GMG I, *Kapitel* 5

1. Was ist der eine wahre Weg zu Gott?
2. Wenn Gott nicht verlangt, dass wir den Zehn Geboten Gehorsam leisten, worin besteht dann ihre Bedeutung?
3. Wo befindet sich der Himmel, und wie kommen wir da hin?
4. Warum erleben wir den Himmel nicht hier und jetzt?
5. Es behindert unsere spirituelle Erleuchtung, wenn wir unseren irdischen Leidenschaften folgen. *Richtig oder unrichtig?*
6. Was ist die Hauptursache allen Unglücklichseins des Menschen?
7. Warum sollten wir uns dem Bösen oder den Dingen, die wir im Leben nicht wollen, nicht widersetzen?
8. Worum geht es im Leben?

6

»Leidendes Succotash!«

Als ich ein Kind war, war einer meiner Lieblingscartoonfiguren eine schwarzweiße, knollennasige Katze namens Sylvester, die auf zwei Beinen herumlief, lispelte und immer »Leidendes Succotash!« rief.

Damals wusste ich nicht, was dieses Wort meinte, ich fand nur, dass es lustig klang. Später erfuhr ich, dass »leidendes Succotash« gar nichts bedeutet, weil Succotash einfach nur ein indianisches Gericht aus Bohnen und Mais ist, das natürlich nicht leiden kann.

Noch etwas später wurde mir klar, dass Menschen dem Succotash sehr ähnlich sind. Nicht, weil viele von uns praktisch wie Kohlköpfe oder anderes Gemüse herumlaufen, sondern weil wir an sich nicht mehr leiden müssten, als Gemüse es tut. Die meisten von uns denken nur, sie müssten es tun.

Ja, manche Leute glauben tatsächlich, das Leiden sei praktisch der einzige Weg zu Gott. Und das stimmt natürlich nicht.

Mich erfreut das Leiden nicht, und wer immer solches behauptet, kennt mich nicht. Leiden ist ein unnötiger

Aspekt menschlicher Erfahrung. Es ist nicht nur überflüssig, sondern auch unklug, unangenehm und gefährlich für eure Gesundheit. GMG I, Seite 165

Kein Gott im Universum, der für sich in Anspruch nimmt, ein liebevoller, fürsorglicher, weiser und rechtschaffener Gott zu sein, würde je für irgendjemanden oder etwas das Leiden wählen – und es schon gar nicht fordern. Somit ist der Gedanke, dass jemand leiden *muss*, um dem Auftrag Gottes zu entsprechen, nicht nur unrichtig, er ist auch gefährlich. Denn wenn jemand dies glaubt, könnte dieser jemand sich *oder andere* dazu bringen, unnötig zu leiden.

Ich habe im obigen Satz *oder andere* hervorgehoben, denn genau hier bringt sich die Gesellschaft selbst in große Schwierigkeiten. Viele Menschen denken irgendetwas *in Bezug auf andere* und bestehen darauf, dass dies *für diese anderen wahr sein muss.* Zum Beispiel, dass Leiden notwendig ist, ganz gleich wie groß oder endlos es sein mag, und wir dürfen deshalb unter keinen Umständen selbst unserem Leben ein Ende setzen oder anderen helfen, dies zu tun.

Die Vorstellung, dass *Gott* das will – nein, dass Gott es *geradezu verlangt* – treibt unsere Gesellschaft zur fortgesetzten Opposition gegen den Selbstmord unter Beihilfe eines Arztes (wenngleich dieser Widerstand Gott sei Dank mittlerweile etwas weniger vehement ausfällt). Ich möchte aus diesem Arbeitsbuch kein Sachbuch in Politischen Wissenschaften machen, meine aber doch, dass dieser Punkt auf dramatische Weise illustriert, wie wir kollektiv und individuell aus einer verzerrten Sichtweise von dem, was wahr ist, heraus bestimmte Überzeugungen und Glaubenssätze erschaffen und nach ihnen leben.

So ist es nun vielleicht an der Zeit, diese Wahrheit voll und ganz zu verstehen und zu akzeptieren:

Leitgedanke 20
Leiden ist nicht notwendig.

Das mag vieles über den Haufen werfen, aber es muss einmal gesagt werden. Es ist ein weiterer wichtiger Punkt in diesem Arbeitsbuch.

Ich werde jetzt eine Aussage machen, die Sie unter Umständen noch nirgendwo anders gelesen oder gehört haben:

LEIDEN IST ANSICHTSSACHE.

Ich weiß, das ist schwer zu glauben – und noch schwerer zu akzeptieren. Und doch ist es wahr. Und GMG macht klar, dass es stimmt.

Übung

Lesen Sie die Seiten 165–170 laut vor. (In einer Arbeitsgruppe wechseln Sie sich beim Vorlesen ab.) Füllen Sie dann das Folgende aus.

FÄLLE, IN DENEN ICH GELITTEN HABE

Führen Sie fünf Fälle in Ihrem Leben auf, in denen Sie gelitten haben. Dies können sowohl physische wie psychische oder mentale Verletzungen gewesen sein.

1. ______________________________
2. ______________________________
3. ______________________________
4. ______________________________
5. ______________________________

Beantworten Sie nun folgende Fragen im Hinblick auf jeden einzelnen dieser Fälle:

- Glauben Sie, Sie würden noch einmal genauso leiden, wenn sich dies morgen ereignete?
- Wenn ja, warum glauben Sie das?
- Wenn nein, warum nicht?
- Warum sehen Sie diesen Fall als »Leiden« an? Als was würden Sie es bezeichnen, wenn es nicht »Leiden« wäre?
- Was sagt Ihnen das über das Leiden? Über Sie selbst?

Denkpause

Aufgabe

Treffen Sie die Wahl, in der Zeit zwischen jetzt und Ihrer nächsten Arbeitsgruppensitzung (oder der Wiederaufnahme Ihrer persönlichen Arbeit mit diesem Arbeitsbuch) nicht zu leiden.

Zusatzfragen
aus GMG I, *Kapitel 6*

1. Warum ermöglicht Gott es uns nicht einfach, dem Leiden ein Ende zu setzen?
2. Was ist der Sinn und Zweck des Leidens?
3. Was steht als unser größtes Hindernis der Freude entgegen?
4. Wie lässt sich am besten feststellen, ob die im GMG gemachten Vorschläge, um Glück und Erfüllung zu finden, auch die in dieser Hinsicht beste Methode sind?

7

Der Weg der Hausfrau

Es ist nicht leicht, den Weg der Hausfrau zu gehen.

Da gibt es die Geschichte von einer Frau, deren Freundin gerade von einem Besuch bei einem Guru hoch oben auf einem Berg an einem fernen Ort zurückkehrte. Wieder zu Hause, schwärmte sie unentwegt von ihm. Schließlich fragte die Frau: »Sag mir, wie viele Kinder hat dieser Mann?«

»Kinder?« Die Frau traute ihren Ohren nicht. »Wieso, er hat keine Kinder. Er ist ein Guru. Er ist sehr weise und hoch entwickelt.«

»Ich verstehe«, erwiderte die Frau. »Na gut, wie lange ist er schon verheiratet?«

»Verheiratet?« Die Freundin schluckte. »Du verstehst das nicht. Er ist ein *Guru*. Gurus heiraten nicht. Sie stehen weit darüber. Sie haben kein Bedürfnis nach Sex oder romantischer Liebe oder dergleichen. Er ist sehr weise und hoch entwickelt.«

»Mmmm.« Die Frau nickte und begriff nun. »Wenn er mal heiratet und Kinder hat, dann sag ihm, dass er mich anrufen soll«, sagte sie dann. »Bis dahin weiß er überhaupt nichts.«

Heutzutage haben die meisten Menschen schon einmal davon geträumt, nichts weiter tun zu müssen als den ganzen Tag still dazusitzen und sich in die Natur des Seins zu vertiefen. Der Guru auf der Bergspitze, der Mönch in seiner Zelle, die Nonne in der Abgeschiedenheit ihres Klosters, sie alle werden hin und wieder von anderen beneidet. Das kontemplative Leben mag nichts für jedermann sein, doch allen scheint es ab und zu reizvoll.

Nicht nur der Person, die ein kontemplatives Leben führt, sondern auch der Hausfrau oder dem Hausmann tut eine Beschäftigung mit den höheren Dingen gut. Doch mit den umfassenden Vorstellungen, großartigen Visionen und tiefen Einsichten – und damit mit dem größeren Selbst – in Berührung zu kommen und zu bleiben ist nichts, was man so beiläufig tut.

Dies ist ein Tag um Tag, Stunde um Stunde, Augenblick um Augenblick stattfindender Akt des höchsten Bewusstseins. Es bedeutet Wählen und neuerliches Wählen in jedem Moment. Dies ist fortwährende, bewusste Schöpfung … Es bedeutet den Einsatz der Instrumente der Schöpfung, über die wir gesprochen haben, deren Anwendung mit Bewusstsein und sublimer Absicht.

GMG I, Seite 175

Doch wenn man »das spirituelle Spiel« voll und ganz spielt, merkt man plötzlich, dass der Sinn des Lebens gar nicht in dem besteht, was man dachte. Er hat nichts mit den Aktivitäten zu tun, mit denen die meisten von uns den Großteil ihrer Zeit verbringen. Dafür zu sorgen, dass wir ein Dach über dem Kopf haben, Kleidung und Nahrung – mit all dem hat er nichts zu tun. Und ganz sicher schon gar nichts damit, dass wir dies für andere tun.

Glauben Sie, der Sinn Ihres Lebens besteht darin, dass Sie anderen beistehen und sie unterstützen – Ihren Ehepartner, Ihre Kinder, Ihre Familie?

Und doch stellen wir fest – und darin liegt die Ironie –, dass wir, wenn wir ein wahrhaft spirituelles Leben leben, eben genau das tun! Das heißt, wir sorgen *praktisch mühelos* für ein Dach über dem Kopf und Kleidung und Nahrung. Und wir stellen fest, dass wir das auch für andere tun – als Folge des *natürlichen Verlaufs der Dinge.*

Denn Fülle und Glück sind die natürliche Folge von spiritueller Weisheit und Klarheit. Etwas anders ausgedrückt: Wenn Sie erst einmal wissen, wer-Sie-sind, multipliziert sich das, was Sie *haben* auf großartige Weise. So können Sie es weggeben, ohne irgendetwas davon zu vermissen.

Und indem Sie weggeben, was Sie einst immer für sich selbst wollten, befähigen Sie andere zur Erkenntnis, dass auch sie in einer Welt der Fülle leben. Und bald entdecken sie, dass auch sie die Quelle ihrer eigenen Fülle und ihres Glücks sein können (ja, schon immer *waren*) – und dass sie Sie nicht länger brauchen. Das ist Ihr größter Moment. Denn Sie haben mehr getan, als nur eine *Quelle* für sie zu sein, Sie haben sie dazu *befähigt,* ihre *eigene Quelle* zu sein.

Wenn sie also andere befähigen, ihnen Macht geben, müssen Sie dies nicht mehr selbst tun … denn Macht erzeugt Macht, so wie Liebe Liebe und Leben Leben in all seinen wunderbaren Formen erzeugt.

Das ist »das spirituelle Spiel«; das ist es, was das »spirituelle Spiel« Sie aufruft zu tun, und das ist es, *was Gott die ganze Zeit tut.* Und darum wird in GMG gesagt, dass Gottes größter Moment der Augenblick ist, in dem Sie erkennen:

Leitgedanke 21
Du brauchst keinen Gott.

Das ist eine erstaunliche Aussage, denn sie stellt alle unsere bisherigen Annahmen und Vorstellungen auf den Kopf. Unser ganzes Leben lang wurde uns gesagt, dass wir Gott brauchen. Nicht nur das, wir lernten auch, dass Gott es *braucht,* dass wir ihn brauchen, und dass wir Gott verärgern, wenn wir auch nur *sagen,* wir bräuchten ihn nicht (vor allem, wenn wir auch noch *danach handeln*).

Da haben wir also diesen funktionsgestörten Gott, der in unserer Vorstellung immer von uns verlangte, dass wir ihn brauchen, *sonst ...*

Übung

Lesen Sie die Passage in GMG I, die mit den letzten vier Zeilen auf Seite 177 beginnt und bei der elften Zeile von oben auf Seite 178 endet.

Dies ist eine der eloquentesten Aussagen über eine ewige Wahrheit. Sprechen Sie nun in Ihrer Arbeitsgruppe darüber – oder schreiben Sie es in Ihr Journal –, was diese Sätze für Sie bedeuten.

Beantworten Sie folgende Fragen:

- Glauben Sie vor allem die Aussagen 5 und 6?
- Wenn ja, was folgt daraus für Ihr Leben? Was bedeutet das für Sie?

Weiterführende Diskussion

Hat Gott dieses Problem geschaffen? Ist das eine Prüfung?

Die meisten Menschen haben Schwierigkeiten, sich in das beschriebene Szenarium hineinzufinden. Sie sehen sich nicht selbst »praktisch mühelos« für die Lebensnotwendigkeiten sorgen. Ganz im Gegenteil. Sie sehen, wie sie sich gewaltig anstrengen und in vielen Fällen das Gefühl haben, dass sie das nirgendwo hinbringt. Sie haben das Gefühl, »festzustecken«, in der Falle zu sitzen. Und sie sehen sich absolut nicht als Personen an, die Gott nicht brauchen, sondern wenden sich vielmehr an ihn mit der Bitte, ihnen aus den »Fallen« ihres Lebens herauszuhelfen. Manche glauben sogar, dass Gott das Problem geschaffen hat! Sie betrachten es als eine »Prüfung«, die ihnen von Gott auferlegt wurde, und bitten flehentlich darum, dass diese Zeit der Prüfung ein Ende haben möge.

Übung

Nun ist es Zeit für das Spiel »Fallen«, in denen ich mich befinde. Das ist ein aufregendes Spiel, das viele Menschen spielen, ohne es zu wissen. Es hat direkt mit der Vorstellung zu tun, dass es für eine Person, die den Weg der Hausfrau geht, praktisch unmöglich ist, ein Leben zu führen, das auch Zeit für das Nachdenken spiritueller Wahrheiten (von ihrer Erfahrung gar nicht zu reden) mit einschließt. Spielen Sie das Spiel, indem Sie das unten folgende Formular ausfüllen. Leiten Sie dann anschließend eine Diskussionsrunde darüber in Ihrer Arbeitsgruppe ein. Hierfür sollten Sie sich in kleinere Untergruppen aufteilen, damit alle die Chance haben, etwas zu sagen.

FALLEN, IN DENEN ICH MICH BEFINDE

Führen Sie einige der »Fallen« auf, in denen Sie gegenwärtig sitzen.

Vielleicht fühlen Sie sich in einem Job gefangen, den Sie nicht mögen, oder in einer nicht funktionierenden Beziehung oder in einem Ihnen nicht länger dienlichen Verhaltensmuster oder in einer Verpflichtung, der Sie nicht mehr gerne nachkommen.

Was immer es ist, beschreiben Sie die »Falle«, um die es geht, und fügen Sie dann die in den folgenden Zeilen abgefragten Informationen hinzu.

Eine Falle, in der ich mich befinde

____

Wie ich in diese Falle geriet

____

____

Was mich davon abhält, aus ihr herauszukommen

____

____

Was würde passieren, wenn ich es dennoch täte

Eine Falle, in der ich mich befinde

Wie ich in diese Falle geriet

Was mich davon abhält, aus ihr herauszukommen

Was würde passieren, wenn ich es dennoch täte

Eine Falle, in der ich mich befinde

Wie ich in diese Falle geriet

Was mich davon abhält, aus ihr herauszukommen

Was würde passieren, wenn ich es dennoch täte

Erschafft Gott absichtlich Dramen und Schwierigkeiten in unserem Leben, um zu sehen, wie gut wir »unsere Lektionen gelernt« haben? Natürlich nicht. Gott tut nichts dergleichen! Zum besseren Verständnis, wie Gott mit uns interagiert, mag es hilfreich sein, wenn Sie die Seiten 181/182 in GMG I noch einmal aufschlagen. Dort wird gesagt, dass Gott in Bezug auf uns keine bestimmten Wünsche hegt, sondern für uns wählt, was wir selbst für uns wählen. Eine Information, auf die wir schon zuvor gestoßen sind. In der Tat endet dieses Kapitel mit der Empfehlung, das Material in diesem Buch immer und immer wieder zu lesen, »bis du jede Passage verstehst. Bis du mit jedem Wort vertraut bist«.

Denkpause

Aufgabe

Treffen Sie in dieser Woche die Entscheidung, sich aus Ihren »Fallen« zu befreien. Suchen Sie sich zumindest eine aus und unternehmen Sie alles Nötige, um aus ihr herauszukommen.

Berichten Sie über den Verlauf dieser Unternehmung in Ihrer Arbeitsgruppe oder beschreiben Sie Ihre Erfahrungen ausführlich in Ihrem Journal.

Zusatzfragen
aus GMG I, *Kapitel 7*

1. Was ist unter dem »Prozess der Selbst-Verwirklichung« zu verstehen?
2. Wie können wir für all jene wahrhaftig hilfreich sein, die in Bezug auf materielle und/oder emotionale Unterstützung von uns abhängig sind?
3. Ein echter Meister hat viele Schüler. Falsche Meister haben sehr wenige. *Richtig oder unrichtig?*
4. Wenn wir Gott bitten, ein Problem zu lösen, und es bleibt ungelöst – geschieht das, weil
   a) wir eine Lektion zu lernen haben?
   b) wir uns nicht das Recht auf seine Lösung erworben haben?
   c) wir nicht verstehen, auf welche Weise Gott mit uns interagiert?
   d) wir nicht auf die richtige Weise gebetet haben?
5. Was ist Gottes Rolle bei der Erschaffung unserer Leben?
6. Woraus geht das Leben hervor? Aus
   a) unserem höchsten Gedanken?
   b) unseren Absichten in Bezug darauf?
   c) unseren Affirmationen?
   d) unseren Gebeten?
7. Wie können wir uns am besten der falschen Lehren entledigen, die uns in Schuldgefühlen und Selbstvorwürfen versinken lassen?

8

8.1 Sich auf Beziehungen beziehen

Die zwischenmenschlichen Beziehungen haben uns mehr Probleme verursacht als irgendein anderer Aspekt im Rahmen unserer Lebenserfahrungen. Das ist an sich kaum verwunderlich, da sie die Grundlage für die meisten unserer Erfahrungen bilden. Dennoch sollte man meinen, dass wir im Verlauf der Jahrhunderte ein paar Lösungen für die Probleme und Herausforderungen, die Beziehungen für uns darstellen, gefunden hätten und diesbezüglich weiser geworden wären.

Doch dem ist ganz eindeutig nicht so.

Die meisten Menschen wandern, wenn es um Beziehungen geht, wie benebelt herum. Sie wissen nicht, wie sie mit ihnen umgehen sollen, und auch nicht, wie sie ohne sie auskommen können. Kurz gesagt, sie wissen nicht, wie sie sich auf Beziehungen *beziehen* sollen.

Wir sollen natürlich gar nicht ohne Beziehungen auskommen. Ohne Beziehungen sind wir nichts. Ohne Beziehungen können wir nicht die sein, die-wir-wirklich-sind.

Denn im Reich des Relativen können wir uns nur *in Bezug zu etwas anderem oder jemand anderem* selbst erfahren (siehe Leitgedanke 5, Seite 76) Das gilt nicht im Reich des Absoluten, aus dem wir gekommen sind. Dort erkennen wir und Gott (die ein und dasselbe sind) uns hier und jetzt (die einzige »Zeit«, die es gibt) voll und ganz. Aber wenn wir uns als das, was wir unserem Wissen nach sind, *erfahren* wollen, müssen wir uns ins Reich des Relativen begeben.

Übung

Lesen Sie noch einmal den Text auf den Seiten 47–56 in GMG I, das wird Ihnen jetzt sehr dienlich sein. Beantworten Sie dann folgende Fragen in Ihrer Arbeitsgruppe oder in Ihrem Journal:

1. Aus welchem Grund hat Ihre Seele das Reich des Absoluten verlassen und lebt nun in Ihrem Körper in dieser physischen Welt?
2. Warum erfährt sich Gott nicht einfach im Reich des Absoluten als wer-er-ist?
3. Warum hat Gott jedem von uns die Macht zur Erschaffung unserer eigenen Realität gegeben?

Wenn Sie die Antworten auf diese Fragen nicht wissen, dann studieren Sie noch einmal die Seiten 47–56 in GMG I. Ein gründliches Verständnis dieser Gedanken wird Ihnen die Verinnerlichung des Materials über Beziehungen in diesem Kapitel sehr erleichtern.

Jede Beziehung ist ein segensreiches Geschenk. Das gilt auch für die Beziehungen, die Ihnen Ihrer Meinung nach nichts als Traurigkeit und Schmerz gebracht haben. Wenn

Sie das wirklich begreifen, werden Sie auch den folgenden Leitgedanken verstehen:

Leitgedanke 22
Alle Beziehungen sind heilig.

Doch diese Erkenntnis verhilft uns nicht immer dazu, dass unsere Beziehungen funktionieren. Vor allem nicht unsere romantischen Liebesbeziehungen. Und wenn diese Liebesbeziehungen scheitern, dann fast immer aus dem gleichen Grund: Wir sind sie aus den falschen Gründen eingegangen.

Die meisten Menschen gehen Beziehungen ein, indem sie mit einem Auge auf das schielen, was sich aus ihnen herausholen lässt, statt daran zu denken, was in sie investiert werden kann. Der Zweck einer Beziehung ist der, dass ihr entscheidet, welchen Teil von euch selbst ihr gerne »sich zeigen« lassen würdet, und nicht, welchen Teil des anderen ihr einfangen und festhalten könnt.

GMG I, Seite 189

Es gibt nur einen Grund für eine Beziehung – und für alles im Leben – und das ist der, dass Sie sind und erklären, werden und erfüllen, zum Ausdruck bringen und erfahren, wer-Sie-wirklich-sind. Jede Beziehung mit jeder Person, mit jedem Ort oder Ding erlaubt Ihnen, das zu tun.

Übung

Die meisten Menschen haben ein Bild von sich selbst, eine Vorstellung darüber, wer sie sind. Im Folgenden finden Sie eine Messskala von 1 (Minimum) bis 10 (Maximum), und eine Reihe von menschlichen Eigenschaften aufgeführt. Ordnen Sie sich innerhalb dieser Messskala ein, um herauszufinden, wer Sie in Bezug auf diese Eigenschaften sind.

ICH BIN ...	1	2	3	4	5	6	7	8	9	10
Ehrlich										
Loyal										
Mutig										
Schön/gut aussehend										
Rücksichtsvoll										
Sexy und sehr sinnlich										
Spirituell entwickelt										
Offen und leicht zu durchschauen										
Hilfreich										
Erkenntnisreich										
Mitfühlend										
Großzügig										
Eine aufregende Person										
Fähig, einfallsreich										

Weiterführende Diskussion

Das Paradoxon aller zwischenmenschlichen Beziehungen

Es mag Ihnen schwer fallen, das zu glauben, aber Sie brauchen keinen bestimmten anderen Menschen in Ihrem Leben, um voll und ganz erfahren zu können, wer-Sie-sind. Und doch sind Sie ohne *irgendeinen* anderen/*irgendein* anderes nichts.

Lesen Sie noch einmal die Seiten 194/195 durch, um dies besser zu verstehen.

Denkpause

Aufgabe

Nehmen Sie sich in der kommenden Woche die Zeit, zwei Mal wenigstens eine halbe Stunde lang Radio zu hören. Suchen Sie sich einen Sender, der Pop-Musik oder Volksmusik spielt. Ordnen Sie jeden Song, den Sie hören, in eine der vorgesehenen Kategorien ein. Am Ende der Woche werten Sie die Tabelle anhand der folgenden Fragen.

TITEL DES SONGS	Trauriger Song	Glücklicher Song	Song handelt von einer »besonderen anderen Person«	Song handelt von der Besonderheit aller anderen

Wie viele Songs sprachen davon, dass der Sänger/die Sängerin ohne diese besondere andere Person »nicht leben kann«? ______

Was sagt uns das über die Botschaften, die uns die Musik von heute übermittelt?

____

____

____

____

____

Wie viele Filme haben Sie gesehen, die die Botschaft in der letzten Spalte »Handelt von der Besonderheit aller anderen« bringen? Nennen Sie die Titel.

____

____

____

____

Was sagt uns das über die Art von Beziehungen, die uns die heutigen Filme vorführen?

____

____

____

____

8.2 Die Tugend des Selbst-Zentriertseins

Am Ende des letzten Abschnitts sollten Sie die Seiten 194/195 noch einmal durchlesen. Damit haben Sie Ihre Erinnerung an ein außergewöhnliches Prinzip aufgefrischt, mit dem Sie Beziehungen zum Funktionieren bringen können: das Selbst-Zentriertsein.

Es ist allen zwischenmenschlichen Beziehungen sehr förderlich, sich selbst an erste Stelle zu setzen.

Lasst jede in einer Beziehung befindliche Person sich nicht um den anderen sorgen, sondern sich ausschließlich um das Selbst ... Die Person, die am meisten liebt, ist die, die selbst-zentriert ist. GMG I, Seite 191/192

Wie in GMG I auch gesagt wird, ist das eine etwas seltsame Lehre, die allem zuwiderläuft, was die meisten von uns im Zusammenhang mit einer funktionierenden Beziehung glauben und denken. Doch das Rätsel wird durch folgende Erklärung gelöst: Jeder von uns versucht in jedem Augenblick etwas zu erreichen; wir alle sind jede Minute eines jeden Tages auf irgendetwas aus. Nichts von allem, was wir von morgens bis abends tun, geschieht ohne ein Motiv, ohne Sinn und Zweck, ohne Grund. Es stimmt, dass wir ab und zu den Grund für unser Tun nicht *kennen*.

Und manchmal haben wir nicht alles durchdacht. Aber auf irgendeiner Ebene hat Ihr Geist bereits entschieden, warum Ihr Körper »dies« und nicht »das« tun soll, und hat ihn bereits angewiesen, es zu tun.

Sie machen also alles, was Sie tun, aus einem bestimmten *Grund*, das momentane Lesen dieses Buches eingeschlossen. Es gibt irgendetwas, das Sie daraus zu beziehen versuchen. Etwas, das Sie erfahren oder erleben möchten. Etwas, das Sie zu erreichen hoffen.

Wenn Ihnen nicht klar ist, was Sie zu erreichen hoffen, wird das Prinzip der Selbst-Zentriertheit keinen Sinn für Sie machen. Und ebenso wird die in diesem Prinzip enthaltene Weisheit keinen Sinn für Sie ergeben, wenn Sie zwar Ihre Bestrebung kennen, diese aber sozusagen den *Sinn verfehlt*. (Das heißt, wenn sie nichts mit dem Grund zu tun hat, aus dem Sie sich hier und jetzt auf Erden mit Ihrem Körper befinden.)

Leitgedanke 23

Der Sinn unseres Lebens ist der, dass wir entscheiden und erklären, zum Ausdruck bringen und erfahren, wer-wir-wirklich-sind. Das ist der Sinn und Zweck ALLER Dinge des Lebens.

Wir werden das immer wieder zur Sprache bringen, bis es sich Ihnen unauslöschlich eingeprägt hat. In *Gespräche mit Gott* wird dies immer und immer wieder auf verschiedene Art und Weise gesagt. Mich persönlich inspiriert die Aussage am meisten, dass der Sinn und Zweck unseres Lebens darin besteht, »die großartigste Version der größeren Vision« zu leben, die wir je von uns hatten.

Die großartigste Version der größten Vision. Das hat einen Beiklang, der mir alles klar macht. Es drückt einen Standard aus, an dem ich alles, was ich denke, sage und tue, messen kann. Spiegelt das, was ich jetzt denke, das, was ich jetzt sage, das, was ich jetzt tue, die großartigste Version der größten Vision, die ich je von mir hatte, wider?

Natürlich müssen wir, bevor wir eine solche Frage beantworten können, erst einmal entscheiden, was diese größte Vision *ist.* Und das werden Sie jetzt tun. Es finden sich viele Übungen in diesem Arbeitsbuch, aber von allen, die ich entwickelt habe, halte ich diese für die wichtigste. Bitte nehmen Sie sich Zeit dafür! Wenn Sie in einer Arbeitsgruppe sind, sollten Sie vielleicht den Rest der Sitzung auf sie verwenden.

Übung

Erschaffen Sie nun die »großartigste Version der größten Vision«, die Sie je von sich hatten. Nutzen Sie als Hilfsmittel die folgende Vorlage.

Meine größte Vision von mir in Hinblick auf ...
Geld

____

____

Meine größte Vision von mir in Hinblick auf ...
Liebe

____

____

Meine größte Vision von mir in Hinblick auf …
Sex

Meine größte Vision von mir in Hinblick auf …
Gott

Meine größte Vision von mir in Hinblick auf …
Geduld

Meine größte Vision von mir in Hinblick auf …
Mitgefühl

Meine größte Vision von mir in Hinblick auf …
mit anderen teilen

Meine größte Vision von mir in Hinblick auf …
eine andere Person lieben

Weiterführende Diskussion

Die radikale Lehre, die gar nicht so radikal ist

Nun wird Ihnen vielleicht klarer sein, dass das Prinzip der Selbst-Zentriertheit letztlich gar keine so radikale Lehre ist. Lassen Sie mich noch zwei Beispiele geben. Nehmen wir an, ein Mann widmet sein ganzes Leben Gott und dem Gutsein. Das wird seine Mission und sein Ziel. Sein höchstes Ideal ist es, das Gute und Göttlichkeit widerzuspiegeln und zu demonstrieren. Nicht, um zu anderen »gut« zu sein, sondern um sich ganz einfach den größten, ihm vorstellbaren Erfahrungsreichtum von sich zu verschaffen.

Glauben Sie, dass dieser Mann, wenn er seine Entscheidung aus ganzem Herzen getroffen hat und mit jedem Gedanken, jedem Wort und jeder Tat seiner Absicht dient, Gutes in der Welt bewirken wird? Glauben Sie, dass er das Leben anderer Menschen auf positive Weise berühren wird? Natürlich wird er das – und er wird es nicht tun, indem er den Zielen und Zwecken anderer dient.

Oder nehmen wir das Beispiel einer Frau, die aus ganzem Herzen und voller Freude beschließt, die beste Mutter aller Zeiten zu sein, um so zum Ausdruck zu bringen, wer sie im Moment ist, und die hierbei ganz in sich zentriert ist. Glauben Sie, dass sie anderen Gutes und Glück bringen wird, wenn sie ihrem Ziel und *nur* ihrem Ziel dient? Natürlich wird sie das.

Sie sehen, wenn Sie eine *sehr hohe* Vision von sich haben und den ganzen Tag nichts anderes tun als ihr zu *dienen*, dann können Sie gar nicht *anders*, als für andere ein Segen sein. Tatsache ist, dass wir der *höchste* Segen für an-

Wann haben Sie das letzte Mal Ihren Daseinsgrund, Ihre Vision von sich selbst so ausführlich erforscht? Haben Sie das überhaupt jemals getan? Glauben Sie, es würde Ihnen helfen, dies jetzt zu tun?

dere sind, wenn wir unserer eigenen höchsten inneren Berufung dienen.

In der obigen Übung waren Sie dazu eingeladen, eine Definition von wer-Sie-sind zu entwerfen. Sie können diese Übung erweitern und der vorgegebenen Liste weitere Begriffe hinzufügen.

Wer *sind* Sie? Wie sieht Ihre größte Vision von Ihnen selbst im Hinblick auf, sagen wir, den Krieg aus? Oder Essensmarken und Unterstützung für die Armen? Die Todesstrafe? Abtreibung? Homosexualität? Waffengesetze?

Die Liste lässt sich endlos fortsetzen und ist auch endlos, wenn Sie wirklich daran interessiert sind, ein detailliertes Selbstportrait zu entwerfen. Sie werden sich dann nicht nur mit einem Abtasten der Oberfläche zufrieden geben. Sie werden eine Liste erstellen, die Ihr inneres und äußeres Leben beleuchtet und in hohem Maße definiert, wer-Sie-sind.

Und wenn Sie es mit Ihrer Definition wirklich ernst meinen, werden Sie auch tun, was Sie sagen. Sie werden danach streben, diese »großartigste Version« dessen, wer-Sie-sind, zu *leben*. Und Sie werden so voller Freude und Glück mit diesem Prozess beschäftigt sein, dass Sie kaum Zeit haben, sich darüber Sorgen zu machen, was eine andere Person, mit der Sie in Beziehung stehen, vorhat.

Dann werden Sie wissen, was die Meister und Meisterinnen wissen, nämlich dass es *keine Rolle spielt*, was diese andere Ihnen besonders nahe stehende Person (oder irgendeine andere Person) ist, tut, hat, sagt, will, fordert.

Es ist *egal,* was diese andere Person denkt, erwartet, plant. Es zählt nur, was und wer *Sie in Beziehung dazu* sind.

Ihr findet euer Heil nicht in der Aktion des anderen, sondern in eurer Re-aktion. GMG I, Seite 196

Denkpause

Experiment

Üben Sie in dieser Woche das Selbst-Zentriertsein. Schauen Sie, was für ein Gefühl es ist, im Hinblick auf Ihre Entscheidung darüber, wer-Sie-wirklich-sind, nichts zu tun, was Sie nicht tun wollen.

Gehen Sie, während Sie dieses Experiment durchführen, noch ein weiteres Experiment ein. Benutzen Sie den hier entwickelten Entwurf Ihres Selbstportraits oder Ihrer Selbstdefinition, um festzustellen, wie oft Sie in der kommenden Woche mit Gedanken, Worten und Taten diese Definition widerspiegeln und wie oft nicht. Tragen Sie dies drei Mal am Tag, morgens, mittags und abends, in Ihr Notizheft ein. Vermerken Sie auch, welche Ihrer Gedanken, Worte und Taten in die Kategorie 1 (Widerspiegelung Ihrer höchsten Vision von sich selbst) und welche in Kategorie 2 (Ausagieren weniger hoher Vorstellungen von dem, wer-Sie-wirklich-sind) fielen.

Machen Sie sich einen Spaß daraus. Betrachten Sie die ganze Sache mit einem Lächeln. Streuen Sie sich nicht Asche aufs Haupt, wenn Kategorie 2 Kategorie 1 überwiegt. Schauen Sie sich das Ganze nur an, sehen Sie, was es zu sehen gibt, und erspüren Sie, ob es Ihnen dienlich wäre, das nächste Mal eine andere Wahl zu treffen.

Übertragen Sie Ihre Tabellen in Ihr Journal. Sprechen Sie bei Ihrer nächsten Arbeitsgruppensitzung darüber, was sich bei Ihren Experimenten gezeigt hat.

8.3 Tun, was das Beste für Sie ist

In Kapitel 8 von GMG I wird immer und immer wieder darauf hingewiesen, dass Sie in einer Beziehung das tun sollen, was das Beste für Sie ist. Immer.

Hier in diesem Arbeitsbuch wurde im vorangegangenen Abschnitt klargestellt, dass mit selbst-zentriertem Handeln keinesfalls ein Handeln gemeint ist, das anderen zum Nachteil gereicht. Ganz im Gegenteil: Unser selbst-zentriertes Handeln kann anderen ganz wunderbar zu Gute kommen, je nach unserer Vorstellung von uns selbst und unserer Entscheidung, wie wir diese Vorstellung manifestieren wollen. Nicht nur in Gedanken und Worten, sondern auch auf der Ebene der *Taten*.

Denn: Wenn Sie sich darüber im Klaren sind, was das Beste für Sie ist, und wenn Sie nur *tun,* was das Beste für *Sie* ist, dann führen Sie nie eine Gott-lose Handlung aus.

So besteht die Verwirrung, wenn ihr euch bei einer Gott-losen Tat als Folge dessen ertappt, dass ihr das Beste für euch getan habt, nicht darin, dass ihr euch an erste Stelle gesetzt, sondern darin, dass von euch falsch verstanden wurde, was das Beste für euch ist. GMG I, Seite 203

Viele Menschen weigern sich, in Beziehungen das zu tun, was das Beste für sie ist. Ihnen wurde beigebracht, dass wahrhaft liebevolle Beziehungen bedeuten, das Beste für die geliebte andere Person zu tun, egal ob es tatsächlich das Beste für sie ist oder nicht. Und das führt in den meisten Fällen zu Unmut und Groll. Und früher oder später setzen dieser Unmut und Groll der Beziehung ein Ende – oder vermiesen sie zumindest. Deshalb ist es klug, daran zu denken:

Leitgedanke 24
Beziehungen funktionieren am besten, wenn wir immer das tun, was für uns das Beste ist.

Verfolgen Sie Ihre Absicht zielstrebig, lassen Sie sich nicht von Ihrem Prozess der neuerlichen Wiedererschaffung Ihrer selbst in jedem Moment des Jetzt ablenken – von Ihrer Wiedererschaffung der nächsten großartigen Version der allergrößten Vision, die Sie je über wer-Sie-sind hatten. Dann werden Sie niemals einem anderen einen schlechten Dienst erweisen, weil Sie sich selbst dienen.

Übung

In Erinnerung an das, was und wer Sie zu sein beschlossen haben (und wie Sie im Detail in der Übung in Abschnitt 2 dieses Kapitels beschrieben haben), wollen wir nun sehen, wie sich Ihre Vorstellungen über Ihre eigene Person im Alltagsleben auswirken könnten. Im Folgenden finden Sie eine Reihe von Lebenssituationen beschrieben. Vervollständigen Sie sie im Einzelnen und betrachten Sie diese Übung als ein Spiel. Wozu würden Sie sich unter den folgenden Umständen entscheiden ...

Ihr Freund Bob erzählt Ihnen, dass er eine Affäre hat. Seine Frau Joanne, mit der Sie ebenfalls sehr gut befreundet sind, spricht Sie später darauf an und sagt, sie habe den Verdacht, dass ihr Mann etwas mit einer anderen Frau habe. Doch dieser würde stets, wenn sie ihn direkt darauf anspreche, nur erklären, sie halluziniere und projiziere ihre eigene Unsicherheit auf ihn. Joanne fragt sich nun, ob sie spinnt oder was … Sie bittet Sie um Rat, wie sie ihre irrationalen Ängste besänftigen könnte. Sie hören, wie sie Sie um Hilfe bittet, woraufhin Sie …

____

____

____

____

____

Sie werden mitten in der Nacht durch Geräusche geweckt, die Ihnen signalisieren, dass jemand in Ihr Haus eingedrungen ist. Sie sehen nach und finden in der Küche einen Mann vor, der Ihre 15-jährige Tochter gepackt hat und sie auf dem Weg zur Hintertür des Hauses mit sich durch die Küche zerrt. Sie schreien ihn an, dass er Ihre Tochter sofort loslassen soll. Doch der Mann reagiert nicht darauf. Ihr Blick fällt auf die Küchenschublade, in der Sie einen Revolver verwahren. Sie machen einen Satz darauf zu, holen die Waffe heraus, richten Sie auf den Mann und fordern ihn erneut auf, Ihre Tochter loszulassen. Er tut es nicht. Sie gehen auf den Mann zu, die Waffe auf ihn gerichtet, und stellen sich zwischen ihn und die Tür. Er knurrt: »Sie oder ich, Mann« und droht, Ihre Tochter zu erwürgen, wenn Sie ihn nicht vorbeilassen. Plötzlich sehen Sie, wie sich in der Deckung des Mannes eine Öffnung auftut und Ihnen wird klar, dass Sie, wenn Sie jetzt sofort abdrücken, den Mann aufhalten könnten – doch damit würden Sie ihn auch zweifellos töten. Ihre blitzschnelle Analyse der Situation sagt Ihnen auch, dass dieser Moment die einzige Chance ist. Das Nächste, was Sie tun …

____

____

____

____

____

Sie finden in einem Umschlag auf einer Parkbank 500 Mark. Sie können niemanden entdecken, der gerade davongegangen ist, und es befindet sich auch sonst niemand in der Nähe. Außer diesem Geld befindet sich weiter nichts im Umschlag. Sie zählen das Geld noch einmal nach und entdecken, dass Sie einen 2.000-Mark-Schein übersehen haben. Es sind also insgesamt 2.500 Mark. Sie sehen sich wieder um, und nach wie vor ist weit und breit niemand zu sehen. Sie …

____

____

____

____

____

Sie sind gerade in eine neue Mietwohnung eingezogen. Am zweiten Tag finden Sie einen einfachen braunen Umschlag in der Post, adressiert an den Mann, der Ihr Vormieter war. Ihr Vermieter erzählt Ihnen, dass dieser außer Landes gegangen ist und auch keine Nachsendeadresse hinterließ. Auf dem Umschlag ist kein Absender vermerkt. Da rutscht Ihnen der Umschlag aus der Hand, fällt zu Boden, platzt auf und sein Inhalt verstreut sich. Sie sehen, dass es sich um eine Reihe von künstlerisch gestalteten Fotos von schönen Menschen in eindeutig sexuellen Posen handelt. Sie sammeln die Fotos auf und ...

Ihr Ehepartner bittet Sie, das Angebot einer Arbeitsstelle abzulehnen, die Sie schon lange haben wollten. Denn dies würde bedeuten, dass Sie und Ihre Familie in eine andere Stadt umziehen müssen, was wiederum heißen würde, dass Ihr Ehepartner seinen Job aufgeben muss, der zwar nicht annähernd so gut bezahlt wird, der ihm aber sehr gut gefällt. Sie sprechen darüber, und es ist ganz klar, dass Ihr Ehepartner nicht gewillt ist, seine Meinung zu ändern oder die Dinge aus Ihrer Sicht zu sehen. Er ist nicht gewillt, Ihnen grünes Licht für einen Job zu geben, den Sie lieben und um den Sie sich schon seit fünf Jahren regelmäßig beworben haben. Ihr Ehepartner bittet Sie, nicht nur an sich zu denken, sondern auch an das Glück und die aus der Arbeit resultierende Befriedigung eines anderen Menschen. Nachdem Sie alles überdacht haben ...

Sie sind auf dem Heimweg von einer Betriebsweihnachtsfeier, bei der Ihnen Ihr Chef einen Bonus von 1.000 Mark in bar überreicht hat. Seit Monaten haben Sie zum ersten Mal Geld übrig, und dies ermöglicht Ihnen das wunderbare Geschenk für Ihren Ehepartner zu kaufen, das Sie schon so lange im Auge haben. Sie gehen auf Ihr Auto auf dem Parkplatz zu, als eine Frau mit ungekämmtem Haar auf sie zuschlurft und Sie um etwas Geld bittet. Sie erklärt, dass ihre Kinder in einem um die Ecke geparkten Auto auf sie warten, und dass sie und ihre Kinder schon seit drei Nächten im Auto schlafen, weil sie die 700 Mark Miete für ihre Wohnung nicht aufbringen konnte. Der Vermieter hatte ihr gesagt, sie könnte über Weihnachten wieder in die Wohnung zurückkehren, wenn sie bis morgen Mittag die Miete vorbeibrächte. Sie denken an das Geld in Ihrer Tasche, dann …

Sie befinden sich in einem Supermarkt und sehen einen Mann, der gerade ein kleines Päckchen Käse in seine Tasche steckt und dann zum Ausgang geht. Sie sehen sich um und merken, dass niemand außer Ihnen die Szene beobachtet hat. Sie …

Sie begeben sich in die Wahlkabine, um über ein Referendum zu entscheiden, das zwei Fragen enthält, über die Sie sich noch nicht schlüssig geworden sind. Frage A betrifft die Wiedereinführung der Todesstrafe bei Verbrechen, die den Tod einer anderen Person herbeiführten. Frage B betrifft einen Gesetzesvorschlag, wonach es Homosexuellen verwehrt sein soll, gegen eine Diskriminierung bei der Vergabe von Wohnungen und Arbeitsstellen auf Grund ihrer sexuellen Neigung zu klagen. Sie lesen sich noch einmal alles durch, kommen zu einer Entscheidung, und Sie …

Haben Sie in diesen imaginierten Situationen immer das getan, was das Beste für Sie ist? Wie kamen Sie zu Ihrer Entscheidung, welcher Handlungsweg der »beste« für Sie ist? Besprechen Sie diese Übung und Ihre Antworten in Ihrer Arbeitsgruppe, oder schreiben Sie einen Kommentar in Ihr Journal.

Weiterführende Diskussion

Blick auf die Verpflichtungen in einer Beziehung

Anschließend finden Sie eine Liste von Verpflichtungen, die Sie in jeder bedeutsamen Beziehung haben. Bitte lesen Sie sie sorgfältig durch.

1. ______________________________
2. ______________________________
3. ______________________________
4. ______________________________
5. ______________________________

Fällt Ihnen an dieser Liste irgendetwas Ungewöhnliches auf? Sie haben Recht. *Da ist nichts aufgeführt.* Der Grund dafür ist der, dass Sie in Ihren Beziehungen keine Verpflichtungen haben. Es gibt keine Beschränkungen, Begrenzungen, Richtlinien oder Regeln. Natürlich werden andere versuchen, Sie davon zu überzeugen, dass es sie doch gibt. Sie werden sogar glücklich sein, wenn sie für Sie einige Verpflichtungen, Beschränkungen und Regeln *erschaffen* können, sofern Sie sie lassen. Aber in den Augen Gottes haben Sie keine Verpflichtungen.

Wenn es Ihnen schwer fällt, das zu akzeptieren, dann lesen Sie bitte die Seiten 207–213 in GMG I noch einmal durch. – Und noch einmal.

Denkpause

Aufgabe

Gehen Sie in dieser Woche alle Ihre geschäftlichen und persönlichen Beziehungen durch und seien Sie sich dabei bewusst, dass Sie in keiner von ihnen Verpflichtungen haben. Tun Sie nichts, was Sie ihrem Gefühl nach »tun müssen«. Tun Sie nur das, was von Ihrem Gefühl her Ihre Wahl ist, und zwar auf der Grundlage Ihrer Entscheidung darüber, wer-Sie-sind und was in Ihrem Leben zu sein, zu tun und zu haben Sie wählen.

Notieren Sie jeden Abend, was – wenn überhaupt – Sie nicht getan haben und früher getan hätten. Notieren Sie sich auch all die Dinge, die Sie weiterhin genauso getan haben wie immer, und erklären Sie schriftlich, warum Sie sich dazu entschieden haben, diese Dinge in dieser Woche zu tun, auch wenn Sie sich sagten, dass Sie sie nicht »tun müssen«.

Bereiten Sie sich darauf vor, das nächste Mal in Ihrer Arbeitsgruppe darüber zu sprechen.

8.4 Die besten Ehegelübde aller Zeiten

Wir haben dieses achte Kapitel mit der Erklärung eingeleitet, dass die zwischenmenschlichen Beziehungen uns mehr Probleme bereitet haben als irgendein anderer Aspekt im Rahmen unserer Lebenserfahrungen. Hier möchte ich hinzufügen, dass sie uns aber auch die meiste Freude bereitet haben.

Doch dafür gibt es keine Garantien, wie auch für nichts anderes im Leben. Wie es im GMG I heißt: »Wenn du Garantien im Leben haben willst, dann willst du das *Leben* nicht. Dann willst du das wiederholte Proben eines Drehbuchs, das bereits geschrieben wurde.«

Wie kann es uns also gelingen, mit einem Minimum an Problemen und einem Maximum an Freude durch das Beziehungslabyrinth hindurchzufinden? Gehen Sie die Beziehung mit einer anderen Person aus dem *richtigen Grund* ein. Nutzen Sie Ihre Beziehung für das Wachstum. Begreifen Sie, dass sie dafür gedacht ist.

Irgendwann wird sie nichts als die reine Seligkeit enthalten, was Sie erkennen werden, sobald Ihre Seele zur Reife gelangt und Sie Ihre Definition von Seligkeit ändern. Im Moment müssen Sie Ihre Beziehung aber für das Wachstum einsetzen: Seien Sie gewillt, zu wachsen und sich weiterzuentwickeln.

Du sollst wissen und verstehen, dass es Herausforderungen und schwierige Zeiten geben wird. Versuche nicht, ihnen aus dem Weg zu gehen. Heiße sie willkommen, dankbar. Nimm sie als großartige Geschenke von Gott, als herrliche Gelegenheiten, um das zu tun, um dessentwillen du in eine Beziehung eingetreten bist – und ins Leben.

GMG I, Seite 217

Und in was hineinzuwachsen sind Sie bestrebt? Natürlich in ihr höchstes *Selbst.* Denken Sie daran: Der Sinn und Zweck des Lebens ist zu sein, wer-Sie-wirklich sind. Sie haben die Übungen und Aufgaben in diesem Arbeitsbuch gemacht, um sich wieder einmal darüber klar zu werden und eine noch höhere Version davon zu erschaffen. Ihnen wurde die Chance gegeben, die *großartigste* Version der *allergrößten* Vision, die Sie je über wer-Sie-sind hatten, zu verkünden.

Wenn Sie diese Entscheidung getroffen und sich selbst nach dieser neuen und großartigeren Vorstellung *wiedererschaffen* haben, dann bleibt Ihnen nur noch die Frage, warum es für Sie wichtig ist, das zu tun. Und das führt uns zum nächsten Leitgedanken:

Leitgedanke 25
Du bist ein Bote.

Sie schicken jeden Tag, jeden Augenblick, eine Botschaft an das Universum, an Gott und an all jene, deren Leben Sie berühren: *Das ist, Wer-Ich-Bin.*

Sie tun das mit jedem Gedanken, den Sie denken, jedem Wort, das Sie sprechen, jeder Tat, die Sie tun.

Ist Ihre Vorstellung von sich selbst so umfassend, dass Sie sich als Retter der ganzen Menschheit sehen können? Ist es für Sie in Ordnung, so etwas zu denken?

Doch ihre Botschaft besagt nicht nur: *Das ist, Wer-Ich-Bin.* Sie besagt auch: *Das ist, was-du-sein-kannst.* Sie geben mit jedem Moment Ihres Lebens ein Beispiel, bereiten einen Weg, zeigen einen Weg.

»Ich bin das Leben und der Weg«, sagen Sie. »Folgt mir.«

Nun, die meisten von Ihnen sind nicht der Ansicht, dass sie so etwas sagen. Tatsache ist, den meisten von Ihnen würde es nicht einmal im Traum einfallen, so etwas zu äußern. Die meisten von Ihnen wollen diese Art von Verantwortung nicht und können auch nicht sehen, dass das Leben uns eine derartige Verantwortung auferlegt.

Doch so ist es.

Sie sind als ein Retter gekommen. Sie sind nicht hierher gekommen, um *gerettet zu werden,* sondern um andere zu retten. Deshalb ist es so wichtig, dass Sie an sich selbst arbeiten und jede falsche Vorstellung, die Sie von sich haben, heilen. Wenn Ihre Selbst-Heilung beendet ist – und das kann binnen eines Augenblicks geschehen, das muss keine Ewigkeit dauern –, dann wird es nichts mehr geben, was Sie erst noch sein, tun oder haben müssen, um diese Aufgabc akzeptieren zu können.

Sie brauchen dazu an keinen weiteren Workshops teilzunehmen, sich keine weiteren Predigten anzuhören, keine weiteren Therapiegruppen zu besuchen. Sie brauchen dazu keine weiteren Bücher zu lesen, sich keine weiteren Kassetten anzuhören, keine weiteren *Arbeitsbücher, so wie dieses hier,* durchzuarbeiten.

Sie mögen sich dazu entscheiden, aus reinem Spaß und purer Freude manche von diesen Dingen nach wie vor zu tun, aber es wird *keine weiteren »Verbesserungen«, die Sie an sich vornehmen müssen,* geben.

In Wahrheit gab es diese *nie.* Aber das wussten Sie nicht. Das glaubten Sie nicht. Sie glaubten stattdessen an eine Vorstellung von sich selbst, die Ihnen die Welt übermittelt hat, und die weniger als die Wahrheit über Sie aussagte.

Ihre falschen Vorstellungen von sich selbst führten dann zu Handlungen, die eine Lüge über Sie erzählten und anderen nicht zeigten, wer-Sie-wirklich-sind. Ihr wahres Selbst kam nicht zur Darstellung, wurde nicht *re-präsentiert.* Statt dass der Gott-in-Ihnen aller Welt präsentiert wurde, vor aller Welt zur Darstellung kam, waren Sie *ent*stellt. Und so haben Sie Ihre Zeit mit dem Versuch verbracht, sich irgendwie »besser« zu machen, haben versucht, alles zu lernen, was Sie Ihrem Gefühl nach lernen mussten.

Sie hatten *nichts* zu lernen. Sie brauchten sich nur zu erinnern.

Wenn Sie sich erinnern – das heißt, nach innen gehen und sich wieder eingliedern, wieder zu einem Glied von Gottes Leib werden – werden Sie ganz klar erkennen, dass es nichts gibt, was Sie je hätten lernen müssen.

Sie wurden nicht hierher geschickt, um für Ihr »Ich« zu sorgen und auf es aufzupassen. Sie wurden nicht hierher geschickt, um irgendwie Ihre Probleme zu lösen. Ihnen wurden diese Probleme als Geschenke gegeben, als göttliche Gelegenheiten, um zu entscheiden und zu erklären, zum Ausdruck zu bringen und zu erfahren, zu erkennen und zu erfüllen, wer-Sie-wirklich-sind, sodass Sie es in diesem Wissen anderen zeigen können, die es *nicht* wissen.

Das ist Ihre Aufgabe, die Sie sich selbst übertragen haben.

Und das ist das große Geheimnis.

Sind Sie bereit für dieses Geheimnis? Das ist das Geheimnis, das die Welt verändern wird. Das ist der Grund, aus dem Sie hierher gekommen sind, sich inkarniert haben. Darum geht es bei dieser ganzen Erfahrung.

Ihre Aufgabe ist es, andere von der falschen Vorstellung, die sie über sich haben, zu erretten, zu erlösen; ihnen zu zeigen, wer sie wirklich sind, indem Sie ihnen zeigen, wer *Sie* wirklich sind. Denn sie werden nicht an sich selbst glauben und können nur das glauben, was sie in einem anderen sehen. Und vielleicht glauben sie schließlich, dass sie das, was sie in Ihnen sehen, auch in sich selbst finden können. Und so bringen Sie die Menschen zu einem neuen Denken über wer-sie-wirklich-sind. Das ist die Botschaft, die Sie ihnen durch Ihr gelebtes Leben vermitteln. Und das ist es, was mit der Aussage des 25. Leitgedankens gemeint ist.

GMG ruft uns alle auf, Boten zu sein. Wir sind es ohnehin, ob wir es nun wollen oder nicht. Wie ich schon sagte, ist alles, was wir denken, sagen und tun *eine Botschaft an jemanden* über wer-wir-sind. Diese Botschaft bestätigt andere darin, wer-sie-sind.

So funktioniert das. Wir können kollektiv nicht mehr sein, als wir auf individueller Ebene sind. Und wer sind wir auf individueller Ebene? Wir wissen es nicht. Wir haben es vergessen. Deshalb wandern wir immer weiter herum wie jemand, den es in der Wüste dürstet. Wir strecken die Arme nach anderen aus in der Hoffnung, dass sie uns eine Bestätigung für das liefern, was wir *unserer Meinung* nach sind. Wir hoffen, dass sie uns unsere höchste Vorstellung von uns selbst *zurückspiegeln* werden. Wenn sie es tun, dann lieben wir sie, denn dann wurden uns endlich unsere großartigsten Vorstellungen von uns selbst bestätigt.

Sehen Sie, um uns *selbst zu finden,* versuchen wir alles, was uns einfällt (und nehmen dazu *jeden* her, den wir kennen). Dieser Weg empfiehlt sich nicht, um zu werden, wer-wir-wirklich-sind, doch es ist der Weg, den die meisten wählen.

Und so laufen wir herum und spiegeln einander wider. Wir spiegeln und bestätigen einander in entweder unseren niedrigsten oder aber höchsten Vorstellungen, in unserer geringsten oder aber großartigsten Vision von uns selbst. Die meisten Menschen wissen instinktiv, dass sie, wenn sie uns anschauen, *ein Spiegelbild ihrer selbst* sehen. Wenn sie uns »mögen«, dann weil sie die besten Aspekte ihrer selbst in uns sehen. Wenn sie uns »nicht mögen«, dann wenden sie sich von dem »ungeliebten« (und oft verleugneten) Aspekt ihrer selbst ab.

So erschaffen wir gemeinsam, und die meisten von uns tun dies unbewusst. Und unser kollektives Bewusstsein wird zu unserer kollektiven Realität.

Das ist eine machtvolle Wahrheit, die aber nur sehr wenige Menschen verstehen. Und deshalb begreifen auch nur sehr wenige Menschen, welche – *ihre eigene gegenwärtige* – Rolle sie bei der Erschaffung der Welt, wie wir sie kennen, spielen.

Heilen, erretten *Sie* durch Ihr Leben? Haben Sie, was das angeht, je darüber entschieden, *warum* Sie hierher gekommen sind?

Versuchen Sie es einmal damit. Es handelt sich um eine Paraphrasierung aus *Ein Kurs in Wundern.*

Du bist in den Raum gekommen, um den Raum zu heilen.
Du bist ins All gekommen, um das All zu heilen.
Aus keinem anderen Grund bist du hier.

Klingt das für Sie »anders«-zentriert statt »selbst«-zentriert? Dann sind Sie noch nicht zur großartigsten Version Ihrer selbst und zum großartigsten Ziel in Bezug auf Sie selbst angelangt. Wenn Ihr Ziel darin besteht, das zu sein, was heilt, dann tun Sie das für *sich* als ein Ausdruck dessen, wer-Sie-wirklich-sind, und nicht für einen anderen. Das äußere Ergebnis (die Heilung anderer) ist das Gleiche. Der innere Grund ist ein anderer. Sie haben den Grund Ihres Seins geändert.

Übung

Diese Übung haben wir »Letztes Mal – Nächstes Mal« genannt. Sie sollen sich anschauen, was Sie dieser Tage unternommen haben, um durch Ihr Leben »das All zu heilen« – und was Sie in Zukunft tun wollen. Ergänzen Sie die folgenden Vorgaben und besprechen Sie dann in Ihrer Arbeitsgruppe, was diese Übung für Sie gebracht hat, oder schreiben Sie einen Kommentar dazu in Ihr Journal.

LETZTES MAL – NÄCHSTES MAL

1. Als mich das letzte Mal jemand ohne Vorwarnung auf der Autobahn geschnitten hat, habe ich …

   ____

   ____

   Wenn mich das nächste Mal jemand ohne Vorwarnung auf der Autobahn schneidet, werde ich …

   ____

   ____

2. Als ich das letzte Mal eine größere Meinungsverschiedenheit mit meinem Ehepartner hatte, habe ich …

   ____

   ____

   Wenn ich das nächste Mal eine größere Meinungsverschiedenheit mit meinem Ehepartner habe, werde ich …

   ____

   ____

3. Als ich das letzte Mal öffentlich einer Sache fälschlich bezichtigt wurde, habe ich …

   ____

   ____

   Wenn ich das nächste Mal öffentlich einer Sache fälschlich bezichtigt werde, werde ich …

   ____

   ____

4. Als ich das letzte Mal entdeckte, dass ich von einem Freund betrogen worden war, habe ich …

Wenn ich das nächste Mal entdecke, dass ich von einem Freund betrogen worden bin, werde ich …

5. Als ich das letzte Mal erfuhr, dass meine Reservierung an jemand anders gegangen ist, habe ich …

Wenn ich das nächste Mal erfahre, dass meine Reservierung an jemand anders gegangen ist, werde ich …

6. Als ich das letzte Mal ein langes Gespräch mit meinen Eltern führte, habe ich …

Wenn ich das nächste Mal ein langes Gespräch mit meinen Eltern führe, werde ich …

7. Als ich das letzte Mal eine Beziehung einging, habe ich …

Wenn ich irgendwann noch einmal eine Beziehung eingehen sollte, werde ich …

____

____

8. Als ich das letzte Mal meine Beziehung plötzlich beendet fand, habe ich …

____

____

Wenn ich das nächste Mal meine Beziehung plötzlich beendet finde, werde ich …

____

____

Weiterführende Diskussion

Ein neues Treuegelöbnis; eine neue Art Versprechen

Wir haben unser Spiel »Letztes Mal – Nächstes Mal« mit einem Blick auf den Anfang und das Ende von Beziehungen beschlossen, weil Beziehungen die wichtigsten Aspekte unseres Lebens sind. Wir definieren uns über unsere Beziehung zu Gott, unsere Beziehung untereinander und unsere Beziehung zu jeder Person, jedem Ort oder Ding auf diesem Planeten.

Wir haben nun schon einige Male erwähnt, dass bei den meisten romantischen Liebesbeziehungen die Schwierigkeit darin liegt, dass wir sie aus den falschen Gründen eingehen. Um der Einsamkeit ein Ende zu machen, der Depression Einhalt zu gebieten, Liebe in unser Leben zu brin-

Befinden Sie sich gegenwärtig in einer Beziehung, die sich auf ein »Bedürfnis« gründet? »Brauchen« Sie es, dass die von Ihnen geliebte Person irgendetwas Bestimmtes ist, tut oder hat, damit Sie sie weiterhin lieben können?

gen oder vielleicht auch, um unser Sexleben in Schwung zu bringen. Mit anderen Worten, wir begeben uns in Beziehungen, um unsere Bedürfnisse und Wünsche zu erfüllen. Wir sehen eine Person am anderen Ende des Raums stehen und denken bei uns: »Diese Person dort nimmt sich von hier aus betrachtet ganz gut aus«, und meinen damit, es sieht so aus, als hätte sie das »Zeug, das wir haben wollen« und unserem Gefühl nach brauchen, um glücklich zu sein.

Wenn sich nun herausstellt, dass die andere Person in der Tat über das »richtige Zeug« verfügt, rücken wir näher an sie heran. Ja, wir heiraten sie möglicherweise sogar. In jedem Fall gehen wir eine Beziehung mit ihr ein, die sich auf die *Erfüllung eines Bedürfnisses* gründet. Die andere Person macht natürlich genau dasselbe. Und so gehen wir eine Vereinbarung ein, einem Pakt zweier Nationen nicht unähnlich. Wir haben ein Handelsabkommen. Ich gebe dir dies, wenn du mir das gibst.

Und wir haben beschlossen, dieses Handelsabkommen Liebe zu nennen.

GMG wirft einiges Licht auf diese ganze Sache. Und es empfiehlt auch, nie wieder eine wirklich bedeutungsvolle Beziehung einzugehen, es sei denn, wir und unser Partner oder unsere Partnerin sind uns auf bewusster Ebene in unserer Absicht einig. Und es findet sich dort eine ganz außergewöhnliche Passage darüber, was der Sinn und Zweck einer Beziehung sein könnte, wenn wir uns dafür entscheiden wollen.

Diese Passage hatte eine große Bedeutung für sehr viele Menschen. Manche haben mir sogar geschrieben, um mich zu fragen, ob sie sie als Ehegelübde benutzen können.

Als ich mit der Arbeit an diesem Arbeitsbuch begann, wusste ich bereits, dass ich dieses Kapitel über Beziehungen mit der Passage auf Seite 216 in GMG I beenden wollte. Ich habe den Text zu einer Erklärung für das Eingehen eines partnerschaftlichen Engagements umgeschrieben:

Du, mein/e Geliebte/r, der/dem ich nun, wie ich gewählt habe, ein/e Partner/in im Leben sein will: Ich willige auf bewusster Ebene darin ein, dass der Sinn und Zweck meiner Beziehung mit dir das Erschaffen einer Gelegenheit – und keiner Verpflichtung – ist und immer sein wird. Einer Gelegenheit für Wachstum, für den vollen Ausdruck des Selbst, für ein Leben, das sich zu seinem höchsten Potenzial aufschwingt, für die Heilung jedes falschen Gedankens oder jeder minderer Vorstellung, die wir je von uns hatten, und für die letztliche Wiedervereinigung mit Gott durch die Kommunion unserer beider Seelen.

Denkpause

Aufgabe

Nehmen Sie in dieser Woche eine Bestandsaufnahme vor. Was ist die allerwichtigste Beziehung in Ihrem Leben? Wie haben Sie sich in dieser Beziehung verhalten? Haben Ihre Handlungen Ihre höchste Vorstellung von Ihnen selbst zum Ausdruck gebracht? Wenn es eine Möglichkeit gäbe, eine sogar noch höhere Vorstellung zum Ausdruck zu bringen, wie sähe sie aus? Wann würden Sie damit beginnen wollen?

Geben Sie sich eine Woche, um darüber nachzudenken. Erörtern Sie dann in der folgenden Woche diese Dinge in Ihrem Journal. Bereiten Sie sich darauf vor, in Ihrer Arbeitsgruppe darüber zu sprechen.

Zusatzfragen
aus GMG I, *Kapitel 8*

1. Worin besteht die wahre Funktion von Beziehungen?
2. Wie unterschieden sich die typischen Beziehungsbelange eines Paares von den Dingen, die Gott zufolge dem höchsten Wohl beider Parteien dienen würden?
3. Wenn Sie jemanden finden, der Sie liebt, dann hilft Ihnen das, sich schließlich selbst richtig zu sehen und zu lieben. *Richtig oder unrichtig?*
4. In einer wahrhaft liebevollen Beziehung setzen wir den anderen an erste Stelle. *Richtig oder unrichtig?*
5. Unsere vorrangigste und wichtigste Beziehung sollte immer die sein mit
   a) Gott,
   b) unserem weisesten Lehrer,

c) uns selbst,

d) der Person, die uns am meisten liebt.

6. Wenn wir die Meisterschaft erlangt haben, werden wir auf Angriffe mit Liebe reagieren. Was ist bis dahin die für uns angemessenste Art und Weise, auf Verletzungen und Angriffe von Seiten anderer zu reagieren?
7. Das Höchste, was wir hinsichtlich unserer negativen Gefühle tun können, ist, sie zu haben. *Richtig oder unrichtig?*
8. Eine Person, die glaubt, dass es im Leben um Gewinne und Verluste gehen, glaubt, dass sie ______________ ist.
9. Eine Person, die glaubt, dass es im Leben um das Lieben oder das Sich-Verlieben geht, glaubt, dass sie ____ ist.
10. Was ist, wenn wir entscheiden, wer wir sind, die höchste Wahl?
11. Das beste Kriterium, um in jedwelcher Situation die höchste Wahl treffen zu können, ist

a) das, was für Sie das höchste Wohl bewirkt,

b) das, was Gottes Wünsche wiedergibt,

c) das, was das höchste Wohl für einen anderen bewirkt,

d) das, was sich für alle Beteiligten am Positivsten auswirkt.

12. Was ist der erste Schritt bei der Entscheidung über das, was für Sie in jedwelcher Situation das Beste ist?
13. Lässt sich ein Krieg jemals rechtfertigen?
14. Kann es irgendeinen spirituellen Grund dafür geben, dass manche Dinge zum Bösen erklärt werden?
15. Worin bestehen die heiligen Verpflichtungen in einer Ehe und Lebensgemeinschaft?

16. Wir kommen sündig auf die Welt und müssen errettet oder erlöst werden. *Richtig oder unrichtig?*
17. Der Erfolg einer Beziehung lässt sich an deren Dauer messen. *Richtig oder unrichtig?*
18. Was wäre das beste abzugebende Gelübde, wenn Sie und Ihr Partner/Ihre Partnerin eine langfristige Beziehung pflegen wollten?

9

Du bist die Wahrheit

Das Kapitel 9 in GMG I konzentriert sich nicht auf ein bestimmtes Thema. Es kommt noch einmal auf ein paar Dinge zurück, die bereits angesprochen wurden, und führt zudem noch einige neue Gedanken ein. Der wichtigste Punkt in diesem Kapitel ist in der Überschrift zusammengefasst: *Du bist die Wahrheit.*

Damit möchte Gott uns darauf aufmerksam machen, dass wir in vielen Bereichen unseres Lebens unsere Macht abgegeben haben. Und zwar indem wir die Wahrheit eines anderen zu der unseren gemacht haben. Das geschieht auf so schleichende und heimtückische Weise, dass es den meisten von uns oft gar nicht bewusst wird. Doch dass es so ist, zeigt sich an vielen unserer wichtigsten Entscheidungen und Beschlüsse.

Und was, erkläre mir doch bitte, bildet die Grundlage für eure Entscheidung? Eure eigene Erfahrung? Nein. In den meisten Fällen trefft ihr die Wahl, die Entscheidung eines anderen zu akzeptieren. Die Entscheidung dessen, der schon vor euch da war und es anzunehmenderweise besser weiß ... Das gilt vor allem für wichtige Angelegenhei-

ten. Tatsächlich lässt sich sagen, dass ihr, je wichtiger die Angelegenheit, desto weniger wahrscheinlich auf eure eigene Erfahrung hört und folglich desto bereiter seid, euch fremdes Gedankengut anzueignen.

GMG I, Seite 231/232

Wie in dem Buch dargelegt wird, haben viele Menschen dadurch praktisch die gesamte Kontrolle über bestimmte Bereiche ihres Lebens aufgegeben. Die Meinung anderer Leute ist ihnen wichtiger als die eigene; die Klugheit anderer Menschen halten sie für größer als ihre eigene. Doch das ist eine Lüge, die andere uns gerne glauben machen möchten. Für viele gesellschaftliche Institutionen ist es *notwendig,* dass wir diese Lüge glauben, denn sonst könnten sie uns nicht dazu bringen, das zu tun, was sie von uns verlangen. Und dies brauchen sie, um ihre Existenz zu rechtfertigen.

Übung

Nehmen wir ein wichtiges Thema – in diesem Fall die Frage, ob es für das Töten einen »gerechtfertigten« Grund gibt, oder ob es in jedem Fall »Unrecht« ist. Betrachten wir, wie der Staat, die Religionen und die ganze Gesellschaft für ihr Überleben darauf angewiesen sind, dass wir ihre Wahrheit glauben. Schlagen Sie die Seiten 233/234 in GMG I auf und lesen Sie den Text laut vor. Beantworten Sie bitte danach die drei Fragen auf Seite 234: »Glaubst du, dass diese Standpunkte korrekt sind? Hast du hier die Aussagen anderer übernommen? Was hat dein Selbst dazu zu sagen?«

Wenn Sie diese Übung erfolgreich abgeschlossen haben, sind Sie zu einem inneren Gewahrsein gelangt und haben eine äußere Erfahrung gemacht, die große Weisheit in sich birgt:

Leitgedanke 26
Du bist die Wahrheit.

Das ist eine sehr machtvolle Aussage. Und weil sie so machtvoll ist, jagt sie manchen Menschen große Angst ein. Doch in vielerlei Hinsicht fasst sie die gesamte Botschaft von GMG zusammen – und wenn sie »unheimlich« ist, dann *muss das auch für das ganze Buch gelten.*

»Du bist die Wahrheit« meint hier, dass es für Sie auf keine andere Wahrheit ankommt als die Ihre. Es gibt kein absolutes »Richtig« oder »Falsch«. »Richtig« ist, was Sie *sagen,* dass »richtig« ist. »Falsch« ist, was Sie *sagen,* dass »falsch« ist. Und durch Ihre Entscheidung malen Sie ein Bild von wer-Sie-sind. In der Tat haben unsere Staaten und Nationen bereits solche Bilder gemalt, wie auch unsere Religionen und Gesellschaften.

Weiterführende Diskussion
Die größte Herausforderung des Lebens; das aufregende Abenteuer des Lebens

Dies ist die größte Herausforderung, vor die Sie sich in Ihrem Leben je gestellt sehen – das großartigste Abenteuer, das Sie je eingehen werden: die Definition Ihres Selbst durch das Malen dieses Bildes.

Dabei dürfen Sie nicht vergessen, dass sich dieses Bild

stets verändern kann. Was Sie heute auf die Leinwand malen, muss morgen nicht unbedingt dort bleiben. Sie können das Bild übermalen und ein neues erschaffen.

Würden Sie gerne gleich jetzt ein neues Bild erschaffen? Gut! Fangen wir an. Denken Sie daran, Ihr Bild kann sich verändern, aber das heißt nicht, dass es sich unbedingt verändern muss. Bestimmte Elemente, bestimmte sorgsam ausgewählte Farben können genauso bleiben, wie sie waren, wohingegen Sie vielleicht in anderen Bereichen des Bildes manche Schattierungen und Farbtöne verändern wollen.

Malen Sie ein aktuelles Bild von wer-Sie-sind, indem Sie Ihre neuesten Entscheidungen über das, was Sie richtig oder falsch oder Recht und Unrecht nennen, kundtun.

Übung

Im Folgenden finden Sie eine Auflistung von thematischen Gegenständen. Kreuzen Sie neben jedem Eintrag an, ob dies Ihrer Meinung nach richtig oder falsch, Recht oder Unrecht, in Ordnung oder nicht in Ordnung ist. Denken Sie dabei daran: DU BIST DIE WAHRHEIT. Wenden Sie sich nicht an Ihren Erinnerungsspeicher und holen hervor, was jemand anders Ihnen über all das gesagt hat. Wenden Sie sich einfach nur nach innen und schauen Sie, was hier und jetzt in Ihrer Realität wahr ist.

Diese Übung ähnelt der Übung, in der Sie sich vorstellen sollten, wie Gott wohl über verschiedene Aspekte des Lebens denkt. Dieses Mal frage ich danach, was *Sie* denken. Ich gehe davon aus, dass Sie wissen, dass es in der letzten

Realität so etwas wie »richtig« und »falsch« nicht gibt. Mein Bestreben ist hier, Sie die Erfahrung machen zu lassen, dass Sie erschaffen, was in *Ihrer* Realität »richtig« und »falsch« ist, um so für sich zu definieren, wer-Sie-sind.

Das Spiel von »richtig/Recht« und »falsch/Unrecht«

Gegenstand	**Ich nenne das »richtig/Recht«** oder »in Ordnung«	**Ich nenne das »falsch/Unrecht«** oder »nicht in Ordnung«
Prostitution		
Mischehe		
Gleichgeschlechtliche Ehe		
»Weiße Lügen« zur Wahrung meines Gesichts		
»Weiße Lügen« zur Wahrung des Gesichts eines anderen		
Einsatz von tödlicher Gewalt, um einem Töten Einhalt zu gebieten		
Einsatz von tödlicher Gewalt, um einen anderen zum Akzeptieren Ihrer Religion zu zwingen		
Mitten in einer Auseinandersetzung mit dem Ehepartner davongehen		
Einschränkung und Kontrolle des Waffenbesitzes		
Abtreibung auf Verlangen		
Abtreibung zum Schutz des Lebens oder der Gesundheit der Mutter		
Steuererleichterung für Wirtschaftsunternehmen		
Sozialhilfe		

Gegenstand	Ich nenne das **»richtig/Recht«** oder »in Ordnung«	Ich nenne das **»falsch/Unrecht«** oder »nicht in Ordnung«
Vorehelicher Geschlechtsverkehr		
Außerehelicher Geschlechtsverkehr		
Außerehelicher Geschlechtsverkehr mit Erlaubnis des Ehepartners (»offene Ehe«)		
Körperliche Züchtigung		
Haschisch für den medizinischen Gebrauch		
Haschisch zur Entspannung		
Alkohol für den medizinischen Gebrauch		
Alkohol zur Entspannung		
Die Todesstrafe		
Übertreten der Geschwindigkeitsbegrenzung		
Selbstmord mit Hilfe eines Arztes		
Selbstmord mit Hilfe einer geliebten Person		
Selbstmord		
Staatliche Unterstützung für sich legal im Land aufhaltende Ausländer		
Staatliche Unterstützung für sich illegal im Land aufhaltende Ausländer		
Gegenstände aus Ebenholz		
Das Roden von Urwäldern		
Eine Weltregierung		
Oralen Sex		

Gegenstand	Ich nenne das »richtig/Recht« oder »in Ordnung«	Ich nenne das »falsch/Unrecht« oder »nicht in Ordnung«
Verlangen von Preisen, die das Fünffache Ihrer Kosten übersteigen		
Verlangen von Preisen, die das Dreifache Ihrer Kosten übersteigen		
Verlangen von Preisen, die das Hundertfache Ihrer Kosten übersteigen		
Unabhängig von Ihren Kosten den höchsten Preis verlangen, den Sie erzielen können		
Verbrennen der Nationalflagge		
Homosexuelle beim Militär		
Bei der Steuererklärung schummeln		
Rituale, die Menschen schinden und körperliche Schmerzen bereiten		
Das Klonen von Tieren zur Verbesserung der Zucht		
Das Klonen von Menschen, um Unvollkommenheit zu eliminieren		
Der Einsatz von abgetriebenen Föten entnommenen Embryozellen, um die Alzheimer-Krankheit zu stoppen		
Reine Knabenschulen zur Aufnahme von Schülerinnen zwingen		
Gemischte Sportteams an den Oberschulen		
Staatlich unterstützte Gesundheitsfürsorge		
Technische Einrichtung zur elterlichen Überwachung des Fernsehprogramms		

Gegenstand	**Ich nenne das »richtig/Recht«** oder »in Ordnung«	**Ich nenne das »falsch/Unrecht«** oder »nicht in Ordnung«
Sexueller Aufklärungsunterricht an den Schulen		
Kondomautomaten in den Schulen		
Pornografisch angehauchte Fotos, Filme		
Extrem pornografische Fotos, Filme		
Fluchen		
Gebrauch von obszönen Worten		
Lebensgemeinschaften ohne Trauschein		
Außereheliche Kinder		
Die Weigerung, jemandem auf Grund seiner Rassenzugehörigkeit eine Wohnung zu vermieten		
Sich aus irgendeinem Grund weigern, an jemanden zu vermieten, weil die Wohnung Ihr Eigentum ist und Sie damit machen können sollten, was Sie wollen		
Jemanden auf Grund seiner/ihrer sexuellen Neigungen entlassen		
Leute nach Ihrem Belieben einstellen oder nicht einstellen, weil es schließlich Ihr Unternehmen ist und Sie tun und lassen können sollten, was Sie wollen		
Umweltschutzmaßnahmen, die die wirtschaftliche Entwicklung behindern		
Gentechnik zur Eliminierung von Krankheiten		

Gegenstand	Ich nenne das »richtig/Recht« oder »in Ordnung«	Ich nenne das »falsch/Unrecht« oder »nicht in Ordnung«
Verweigerung der Krankenversicherung wegen genetisch bedingter Anfälligkeiten		
Gewaltszenen im Fernsehen		
Sexszenen im Fernsehen		

Weiterführende Diskussion
Das einzige Spiel, das es gibt

Nun mögen Sie sich fragen, warum Sie sich eigentlich mit all dem abgeben sollen? Warum sich überhaupt auf einen solchen Weg der Selbstklärung und Selbstdefinition begeben? Was kann durch das Antreten einer solchen Reise gewonnen werden? Wo ist der Anreiz? Was für einen Grund gibt es dafür?

Die Antwort ist lächerlich einfach: **Es gibt nichts anderes zu tun.**

Wie in GMG sorgsam erklärt wird, ist es das einzige Spiel, das es gibt. Und Sie spielen dieses Spiel in diesem Moment – und immer –, ob Sie es nun wissen oder nicht. *Alles, was Sie denken, sagen und tun ist ein Akt der Selbst-Definition.*

Den Großteil Ihres Lebens haben Sie sich unbewusst selbst definiert – manchmal auch dadurch, dass Sie sich unbewusst die Vorstellung gestatteten, das zu sein, als was andere Sie bezeichnet haben, so zu sein, wie andere Sie in ihrer Vorstellung sehen. Das ist unbewusste Selbst-Erschaffung, über die wir schon in diesem Arbeitsbuch gesprochen haben (siehe Seite 115ff.). Es ist auch eine Selbst-Erschaffung, ohne zuvor bewusst Entscheidungen darüber getroffen zu haben, wer-und-was-zu-sein Sie wählen.

Gespräche mit Gott und auch dieses Arbeitsbuch laden Sie dazu ein, sich auf die nächste Ebene zu begeben und in den *bewussten* Erschaffungs- oder Schöpfungsprozess einzutreten.

Denkpause

Versuchen Sie in der kommenden Woche, ob Sie irgendwelche automatischen Reaktionen vermeiden können, die Sie eher zu der Person werden lassen, die Sie *waren,* statt zu der, die Sie nun Ihrer Wahl nach sein wollen.

Nehmen Sie sich jedes Mal, wenn Sie merken, dass Sie in ein altes Muster oder in eine alte Reaktion verfallen, einen Moment Zeit, um innezuhalten und sich zu fragen: *Ist es das, wer ich jetzt bin?* Lautet die Antwort darauf ja, dann machen Sie weiter, seien Sie es. Ist die Antwort jedoch nein, dann schauen Sie, wer Sie *wirklich sind,* und projizieren Sie das.

»Kasteien« Sie sich nicht, wenn Sie in alte Muster verfallen. Achten Sie einfach darauf und schauen Sie, ob Ihnen das dienlich ist. Wenn nicht, dann nehmen Sie sich vor, nicht mehr in diese alten Muster zu fallen.

Denken Sie daran, dass Ihr Leben so verläuft, wie Ihre Absichten es vorgeben. Und denken Sie auch daran, dass *Sie die Wahrheit sind.*

Bereiten Sie sich darauf vor, bei der nächsten Arbeitsgruppensitzung darüber zu diskutieren, wie sich die »Wahrheit, die Sie sind«, für Sie anfühlt. Fühlt sie sich gut an? Wählen Sie nun eine neue Wahrheit? Wie hat sich die Arbeit mit Kapitel 9 in GMG I auf Ihr Leben ausgewirkt?

Zusatzfragen
aus GMG I, *Kapitel 9*

1. Es gibt nichts, was Sie tun müssen. *Richtig oder unrichtig?*
2. Sind wir dazu verpflichtet, der Aggression Einhalt zu gebieten?
3. Nach welchem Kriterium lässt sich am besten entscheiden, ob das Töten einer anderen Person – oder auch irgendeine andere Handlung – gerechtfertigt ist?
4. Unter welchen Umständen ist Ihrer Meinung nach das Töten gerechtfertigt?
5. Es ist angemessen, sich auf eine religiöse oder spirituelle Autoritätsperson zu verlassen, wenn wir keine Antwort auf ein moralisches Dilemma wissen. *Richtig oder unrichtig?*
6. Warum sollten wir uns auf einem spirituellen Weg hin zur Erleuchtung abmühen, wenn ein solcher Weg so anstrengend und mühselig ist?
7. Was ist der Sinn und Zweck des Lebens?
8. Es ist arrogant, dem Universum unsere Wahrheit kundzutun. *Richtig oder unrichtig?*

10

Wahre Liebe kennt keine Bedingungen

Kapitel 10 in GMG I ist das Kapitel, zu dem ich die meisten Zuschriften bekomme. Es scheint das Lieblingskapitel vieler Personen zu sein. Im Grunde überrascht mich das nicht, denn die Direktheit und Einfachheit seiner Botschaft ist die Wahrheit, die wir alle unser ganzes Leben lang zu hören hofften. Wir lieben Gott, und Gott liebt uns. Was könnte natürlicher sein? Perfekter? Tröstlicher?

Was diese Botschaft impliziert, wirkt sich sogar noch stärker aus als die Botschaft selbst. Denn durch ihre Einfachheit wird uns übermittelt, dass Gottes Liebe zu uns bedingungslos ist. Wenn Bedingungen an sie geknüpft wären, hätte Gott es gesagt. Er hat nichts darüber gesagt. Doch viele Leute können an diese Art von Liebe nur schwer glauben. Auch wenn sie von Gott kommt. Vielleicht *vor allem*, wenn sie von Gott kommt.

Ihr erinnert euch nicht an die Erfahrung der Liebe Gottes. Und so versucht ihr, gegründet auf das, was an Liebe ihr in der Welt seht, euch vorzustellen, wie die göttliche Liebe wohl aussehen mag. GMG I, Seite 40

Doch Gottes Liebe ist nicht wie die Liebe, die wir in der Welt finden. Ja, Gottes Liebe ist buchstäblich *»sensationell« und nicht von dieser Welt.*

Leitgedanke 27
Die Liebe Gottes ist bedingungslos.

Das Eintreten in die Göttlichkeit bedeutet, in die Bedingungslosigkeit einzutreten. Der erste Schritt in diese Richtung beinhaltet, dass Sie Ihren heutigen Seinsort genau einschätzen.

Übung

Erstellen Sie eine Liste von den Personen, die Sie bedingungslos lieben oder geliebt haben. Das heißt, Sie lieben sie, ganz gleich, was sie tun; Sie hegen keine Erwartungen.

1. ______________________________
2. ______________________________
3. ______________________________
4. ______________________________
5. ______________________________
6. ______________________________
7. ______________________________
8. ______________________________
9. ______________________________
10. ______________________________

Erstellen Sie nun eine Liste von den Menschen, von denen Sie bedingungslos geliebt werden oder wurden.

1. ______________________________
2. ______________________________
3. ______________________________
4. ______________________________
5. ______________________________
6. ______________________________
7. ______________________________
8. ______________________________
9. ______________________________
10. ______________________________

Denkpause

Aufgabe

Erstellen Sie eine Liste von Menschen, denen Sie Ihrer Wahl nach in dieser Woche ganz bewusst bedingungslose Liebe zeigen wollen. Nehmen Sie darin mindestens drei Personen auf, denen Sie, soweit Sie sich erinnern können, noch nie bedingungslose Liebe und Akzeptanz entgegengebracht und gezeigt haben. (Dahinter steht der Gedanke, dass Sie so Ihren Kreis erweitern!)

Beantworten Sie folgende Fragen:

1. Was wäre nötig, um ihnen jetzt diese Art von Liebe zu zeigen?
2. Was hat Sie Ihrer Meinung nach bisher davon abgehalten?
3. Scheint Ihnen das nun dieses Mal leichter zu fallen?
4. Wenn ja, warum? Wenn nein, warum nicht?

Bereiten Sie sich darauf vor, bei Ihrer nächsten Arbeitsgruppensitzung darüber zu sprechen. Schreiben Sie, wenn Sie allein arbeiten, am Ende der Woche einen Kommentar dazu in Ihr Journal. Beantworten Sie auf jeden Fall oben stehende Fragen.

11

Das Geld-Spiel

Nur wenige Energien innerhalb des Bereichs unserer Lebenserfahrung wirken sich so auf uns aus wie das Geld. Die meisten Menschen behandeln ihre Geldangelegenheiten sehr vertraulich – vertraulicher als ihr Sexleben. Sie werden Ihnen auf die Frage, wie viele Liebhaber oder Geliebte sie hatten, locker antworten. Doch sie werden sich unbehaglich fühlen, wenn Sie sie fragen, wie viel Geld sie auf ihrem Konto haben oder wie viel sie verdienen. Meiner Ansicht nach liegt das daran, dass so viele Menschen im Zusammenhang mit Geldangelegenheiten einen kleinen Knacks haben. Man hat ihnen gesagt, ihr Wert sei mit der Höhe ihres Einkommens verknüpft, dieses zeige, wie viel sie »wert« sind.

Wir Menschen haben schon seit langer Zeit Gedanken über das Geld mit uns herumgeschleppt, die sich äußerst ungünstig auswirken. Und die meisten dieser Gedanken wurden von Generation zu Generation weitergegeben. Hier sind einige davon.

- Geld ist etwas Anrüchiges.
- Menschen, die eine Menge Geld *haben*, sind schlecht.
- Geld wächst nicht auf Bäumen.

- Es ist nie genug Geld da.
- Geld ist die Wurzel allen Übels.
- Eher geht ein Kamel durch ein Nadelöhr, als dass ein Reicher in das Reich Gottes gelangt.
- Geld ist schmutzig. Es ist »schnöder Mammon«.
- Von daher sind Menschen, die eine Menge Geld haben, »unanständig reich«.
- Man kommt nur schwer an Geld.
- Man sollte nie Geld für einen Gefallen, für irgendetwas »Gutes«, das man getan hat, annehmen.
- Geld regiert die Welt.
- Geld korrumpiert.

Bei all diesen herumschwirrenden negativen Gedanken verwundert es einen, wenn irgendjemand auch positive Erfahrungen im Zusammenhang mit Geld macht. Doch die Wahrheit ist, dass fast jedermanns *Erfahrung* mit dem Geldhaben eine gute ist. Und darin liegt der Widerspruch. Denn unsere häufigsten *Gedanken* über das Geld (es ist etwas Schlechtes) laufen unseren häufigsten *Erfahrungen* mit dem Geld (es ist großartig, es zu haben!) zuwider. Also müssen wir über unsere Erfahrung mit dem Geld Lügen erzählen, um unsere Gedanken darüber zu rechtfertigen.

Und wegen dieses inneren Widerspruchs und unserem Bedürfnis, unseren Grundgedanken über das Geld »Richtigkeit« zu verleihen, schieben die meisten von uns das Geld von sich weg. Erst machen wir es für uns fast unmöglich, es (oder genug davon) zu bekommen, und wenn wir dann etwas davon haben, sehen wir zu, dass wir es so schnell wie möglich wieder »zum Verschwinden« bringen!

Klingt Ihnen das vertraut?

Und selbst wenn wir schließlich genug oder mehr als genug haben, versuchen wir, so viel wie möglich so lange wie möglich zu behalten, nichts davon zu verlieren. Das heißt, unsere Sorgen um das Geld werden kaum geringer, wenn wir es haben. Tatsache ist, dass sich in vielen Fällen die Leute ironischerweise umso mehr Sorgen um das Geld machen, je mehr sie haben!

All das ist ein Ergebnis unseres Grundgedankens oder stiftenden Gedankens über das Geld, welcher besagt, dass einfach nicht genug da ist.

In Wirklichkeit bezieht sich dieser Grundgedanke nahezu auf alles in deinem Leben: Es gibt nicht genug Geld, nicht genug Zeit, nicht genug Liebe, nicht genug Essen, Wasser, Mitgefühl in der Welt ... Was immer an Gutem vorhanden ist, es gibt einfach **nicht genug** ***davon.***

GMG I, Seite 251

Dieses kollektive Bewusstsein von einem »Nicht-genug-Vorhandensein« erschafft immer wieder die Welt, wie wir sie sehen. Es ist nun an der Zeit, uns einen neuen Gedanken zu Eigen zu machen, einen neuen und für manche überraschenden oder auch bestürzenden Leitgedanken für uns zu akzeptieren.

Leitgedanke 28
Es ist genug da.

Das mögen vielleicht die vier machtvollsten Worte sein, die je gesprochen wurden.

Ich möchte, dass Sie diesen Satz immer und immer wieder lesen. Sprechen Sie ihn laut aus.

Wenn Sie in einer Arbeitsgruppe sind, dann lassen Sie ihn jedes Mitglied laut sagen. Und dann noch einmal alle im Chor.

Machen Sie das jetzt.

Gut.

Diese eine einzige Wahrheit – *Es ist genug da* – könnte, wenn sie zutiefst verstanden und fest im Bewusstsein verankert wird, die Welt verändern.

Denken Sie darüber nach! Was könnte Ihrer Meinung nach morgen passieren, wenn jedermann auf diesem Planeten – jede Person, Organisation, Firma, Regierung – auf der Grundlage dieser einfachen Wahrheit agierte: Es ist genug da. Genug Zeit, genug Geld, genug Liebe, genug Nahrung, genug von *allem, was wir unserer Ansicht nach brauchen, um glücklich zu sein.* Genug, um über die Runden zu kommen!

Ja, denken Sie ernsthaft darüber nach. *Was würde dann Ihrer Meinung nach passieren?*

Nun, Sie haben Recht. Wenn jedermann mit dieser Einstellung, mit diesem Verständnis, mit diesem Wissen auf jedwelche zwischenmenschliche Begegnungen zukäme, dann würden diese Begegnungen weniger defensiv, weniger manipulativ, weniger zerstörerisch ablaufen. Ja, sie wären wahrscheinlich überhaupt nicht defensiv, manipulativ oder zerstörerisch.

Jeder Kampf, jede Auseinandersetzung auf diesem Planeten lässt sich letztlich auf den Grundgedanken zurückführen, dass da irgendetwas ist, von dem nicht genug da ist. Selbst Religionskriege oder ethnische Auseinandersetzungen gründen sich auf den Gedanken, dass »nicht genug Leute da sind, die so denken wie wir; nicht genug Leute da sind, die so sind wie wir!«

Wenn nur genug (von *was auch immer*) da wäre, wären unsere Probleme gelöst, richtig?

Nun, die Wahrheit ist, es *ist* genug da! Und Ihr eigenes Leben ist der Beweis dafür, dass »genug« da ist von allem, was Sie brauchen: *Nehmen Sie zur Kenntnis, dass Sie immer noch hier sind.*

Natürlich sind einige Leute nicht mehr hier. Sie sind gestorben, weil sie nicht genug zu essen hatten, kein Obdach, keine Kleidung. Aber der Grund dafür ist nicht der, dass nicht genug von diesen Dingen vorhanden war. Weit gefehlt. Es war mehr als genug da. Diese Menschen starben, weil sich die Menschen, die mehr als genug hatten, weigerten oder keinen Weg fanden, etwas von ihrer Habe denen zu geben, die nichts hatten.

Der mangelnde Wille, *mit anderen zu teilen,* ist das Problem, nicht der Mangel an vorhandenen Dingen.

Meine Mutter pflegte zu sagen: »Wo ein Wille ist, ist auch ein Weg.«

Sie hatte Recht.

Wenn die Menschen den Willen hätten, sicherzustellen, dass nicht stündlich vierhundert Menschen auf diesem Planeten verhungern, dann würde das auch nicht geschehen. Wir würden einen Weg finden, um alle Barrieren, ob nun politischer, kultureller, verhaltensmäßiger oder physischer Art, zu durchbrechen und *die Nahrung zu ihnen zu bringen.* Ganz gleich, wie korrupt die örtliche Regierung sein mag oder wie viele Rebellen die Lastwagen mit den Nahrungsmitteln auf ihrem Weg vom Flughafen stoppen, wir würden *es hinkriegen.* Es ist absurd, die schwache Ausrede, dass eine Welt, die Menschen auf den Mond schicken kann, nicht im Stande ist, genügend vereinte Willenskraft aufzubringen, um allen Bedürftigen Nahrung zukommen zu lassen, einfach hinzunehmen.

Nein, es geht selten darum, dass nicht genug »Zeug« da ist, aber es fehlt fast immer am Willen.

Haben *Sie* den Willen? Geben Sie gegenwärtig zehn Prozent von Ihrem Gesamteinkommen an andere ab?

Übung

Beantworten Sie folgende Fragen mit »Richtig« oder »Unrichtig«. Das Ganze ist vertraulich. Wenn Sie in einer Arbeitsgruppe sind, dann unterbrechen Sie für einen Moment die Diskussion und lassen Sie jede Person still für sich die Fragen beantworten.

Ich habe im letzten Monat 2.500 Mark oder mehr verdient und 250 Mark oder mehr an meine Kirche, meinen Tempel, meine Synagoge oder eine andere Quelle der spirituellen Nahrung abgegeben. ☐ *Richtig* ☐ *Unrichtig*

Ich gehe in keine Kirche, keinen Tempel, keine Synagoge und kann auch keine »Quelle der spirituellen Nahrung« ausmachen, aber ich habe letzten Monat 250 Mark oder mehr für einen guten Zweck gespendet.

☐ *Richtig* ☐ *Unrichtig*

Ich habe im letzten Monat weniger als 2.500 Mark verdient, spendete aber trotzdem zehn Prozent von meinem Einkommen einer Kirche oder der Wohlfahrt.

☐ *Richtig* ☐ *Unrichtig*

Ich habe letzten Monat 100 Mark oder mehr für Kino, Kegeln, Theater, Restaurantbesuche, Leihvideos oder andere Vergnügungen ausgegeben und die gleiche Summe für die Bedürftigen in meiner Gemeinde gespendet.

☐ *Richtig* ☐ *Unrichtig*

Ich habe im letzten Monat einen Brief an meinen Landtags- oder Bundestagsabgeordneten geschrieben und ihn darum gebeten, dass dieses Land seine Bemühungen verstärkt (nicht unbedingt mehr dafür ausgibt, aber sich mehr darum bemüht), den Armen in diesem Land und in anderen Ländern zu helfen. ☐ *Richtig* ☐ *Unrichtig*

Ich unterstütze gegenwärtig eine der Hilfsorganisationen für Kinder und spende jeden Monat 50 Mark zur Ernährung eines hungrigen Kindes. ☐ *Richtig* ☐ *Unrichtig*

Wenn ich auf der Straße von einer Person angesprochen und um etwas Geld gebeten werde, gebe ich immer etwas, ohne Fragen zu stellen oder ein Werturteil abzugeben.

☐ *Richtig* ☐ *Unrichtig*

Ich betrachte die finanzielle Unterstützung von Programmen zur Verbesserung der Situation meiner Gemeinde als meine persönliche Verantwortung.

☐ *Richtig* ☐ *Unrichtig*

Ich spende jedes Jahr für gemeinnützige Zwecke so viel, wie ich auch für die Sportausrüstung meiner Kinder ausgebe. Als Raucher spende ich jeden Monat die gleiche Summe, die ich für Tabak ausgebe, Wohlfahrtsprogrammen zur Unterstützung der Armen.

☐ *Richtig* ☐ *Unrichtig*

Ich achte beim Ausfüllen meiner jährlichen Einkommenssteuererklärung darauf, dass ich voll und ganz meinen fairen Anteil abgebe, sodass die, die von staatlichen Unterstützungsprogrammen abhängig sind, weiterhin dadurch versorgt werden können. ☐ *Richtig* ☐ *Unrichtig*

Weiterführende Diskussion

Krempeln Sie Ihr Leben um, indem Sie Ihre Werte umkrempeln

Einer der Hauptgründe dafür, warum nicht mehr Geld in das Leben der Menschen einfließt, ist der, dass die meisten Menschen ihre Werte auf den Kopf stellen. Weil sie glauben, Geld sei etwas »Schlechtes«, halten sie es für ungehörig, Geld (vor allem große Summen) für etwas »Gutes« zu nehmen. Ja, tatsächlich ist es so, dass etwas, das von der Gesellschaft als sehr gut oder hoch stehend eingeschätzt wird, gewöhnlich finanziell *minder* bewertet wird. Und wie in GMG gesagt wird: »So verdienen eure Lehrer einen Hungerlohn und eure Stripteasetänzerinnen sich goldene Nasen. Eure kommunalen Führer verdienen im Vergleich zu euren Sporthelden so wenig, dass sie das Gefühl haben, sich noch anderweitig bedienen zu müssen. Eure Priester und Rabbis leben nicht selten am Existenzminimum, während ihr euren TV-Entertainern das Geld hinterherwerft.«

Die Tatsache, dass hier alles auf den Kopf gestellt wird, führt zu einem Paradigma, auf dem wir beharren, wonach alles, dem wir einen hohen *inneren* Wert beimessen, *billig* sein muss. Wir denken, dass eine Person, die für sich die höchste Berufung wählt, den niedrigsten Lohn erhalten sollte. Und wir finden es skandalös, wenn ein Geistlicher oder Priester zufällig einen Mercedes fährt. Wir zahlen unseren wissenschaftlichen Forschern, die darum ringen, ein Heilmittel für Aids zu finden, kümmerliche Gehälter und lassen sie um Stipendien und staatliche Subventionen betteln, während wir es unterstützen, dass irgendjemand Millionen dafür bekommt, dass er einen Ball in ein Tor zu schießen versucht.

Wie steht es mit Ihnen? Was sind *Sie* wert?

Übung

Führen Sie drei Dinge auf, die Sie gut machen, und den finanziellen Lohn, den Ihrer Ansicht nach diese Fähigkeiten auf dem heutigen Markt wert sind.

Drei Dinge, die ich gut mache:

1. ______________________________
2. ______________________________
3. ______________________________

Wie viel es wert ist:

1. ______________________________

2. ______________________________

3. ______________________________

Geben Sie nun an, wie viel Ihrer Meinung nach jede dieser Fähigkeiten wert sein *sollte*? Stimmt die Summe mit der oben genannten Summe überein?

1. ______________________________

2. ______________________________

3. ______________________________

Was sagt Ihnen diese Übung? Glauben Sie, dass Sie für Ihre Arbeit überbezahlt oder unterbezahlt werden? Oder betrachten Sie sich als »angemessen« bezahlt?

Viele Menschen machen den Fehler, zu denken, sie könnten nur im Austausch für irgendeine Art von Arbeit zu Geld kommen. Die Tatsache, dass das für eine beeindruckende Anzahl von Leuten nicht zutrifft, mindert nicht ihren Glauben an dieses System. Dieses System besagt: »Wir machen irgendetwas, und dafür bekommen wir Geld.« Und diese Vorstellung trägt wiederum zum Aufbau eines ganz neuen Glaubenssystems bei, welches besagt: »Wir sind, was wir tun.«

Auch diese Vorstellung ist irrig, wie wir im nächsten Kapitel sehen werden.

Geld fließt uns nicht nur im Austausch für irgendeine Art von Arbeit zu. Das wissen Sie natürlich. Und das werden Sie jetzt beweisen.

Übung

Überlegen Sie, welche Möglichkeiten es gibt, wie uns Geld zukommen kann. Erstellen Sie eine Liste und schreiben Sie alles auf, was Ihnen einfällt, so absurd es Ihnen auch vorkommen mag. Machen Sie einfach völlig vorurteilslos diese Liste. Nehmen Sie sich, falls nötig, noch mehr Papier.

Gehen Sie nun die Liste durch und kreuzen Sie jede Möglichkeit an, die für Sie akzeptabel ist; jede für Sie annehmbare Möglichkeit, wie man zu Geld kommen kann.
Gehen Sie jetzt die angekreuzten Punkte durch und machen Sie ein zweites Kreuz neben jeder dieser Möglichkeiten, durch die *Sie* gegenwärtig zu Geld kommen.
Wie hoch ist der Prozentsatz der insgesamt akzeptablen Möglichkeiten, die *Ihnen* gegenwärtig Geld einbringen? Sind es fünfzig Prozent? Zwanzig Prozent? ____ Prozent.

Was, wenn überhaupt, sagt Ihnen das über Ihr gegenwärtiges Potenzial, das Einfließen von Geld in Ihr Leben zu verstärken? Sprechen Sie nun darüber in Ihrer Gruppe oder schreiben Sie einen Kommentar dazu in Ihr Journal.

Was verdienen Sie heute? Können Sie sich sehen, wie Sie doppelt so viel fordern? Wenn nicht, warum nicht? Ist es, weil Sie es nicht wert sind, oder weil die Welt es Ihnen nicht zahlen wird? Was ist es?

Wenn Sie eine Umkehrentwicklung hinsichtlich Ihrer finanziellen Lage anstreben, brauchen Sie nur Ihre Wertvorstellungen in Bezug auf Geld und Ihr dahinter stehendes Glaubenssystem umzudrehen.

Kurz gesagt, wenn Sie Ihr Leben umkrempeln wollen, dann krempeln Sie Ihre Wertvorstellungen um.

Beginnen Sie damit, dass Sie die Dinge, denen Sie *innerlich* einen hohen Wert beimessen, auch vom *Geld* her höher einschätzen – und *demonstrieren Sie das auch.* Denn die Werte, die Sie projizieren, sind die Werte, die auf Sie projiziert werden.

Nehmen Sie als Nächstes eine Umkehrung Ihres Denkens über den Wert vor, den Sie zu haben glauben. Ganz gleich, wie hoch Sie sich selbst einschätzen – verdoppeln Sie diesen Wert.

Treffen Sie sodann die Wahl, vom Universum alles zu bekommen, dessen Sie wert sind – aber beschränken Sie das Universum nicht nur auf ein oder zwei Möglichkeiten, Ihnen Geld zukommen zu lassen. Machen Sie nicht den Fehler, den Zustrom von Geld mit dem Ausfluss von Arbeit zu verknüpfen. Da besteht keine Verbindung – und die wirklich reichen Leute wissen das.

Denkpause

Experiment

Treffen Sie in dieser Woche die Wahl, Geld aus zumindest einer unerwarteten Quelle zu erhalten. Denken Sie daran, es spielt keine Rolle, wie viel es ist. Es kann ein Markstück sein, das Sie auf dem Gehsteig finden, oder es können 20.000 Mark sein, die Sie plötzlich erben. Es geht nicht und geht niemals um die Summe. Es geht nur um den Fluss. Treffen Sie also für den Beginn dieses Experiments innerlich die Wahl: »Ich erhalte in dieser Woche Geld aus einer unerwarteten Quelle.«

Wenn Sie den Strom *wirklich* zum Fließen bringen wollen, dann entscheiden Sie sich dazu, eine weitere Woche lang eine »unerwartete Geldquelle« zu *sein.* (Wenn Sie es schaffen, dann sogar mehrere Wochen lang). *Geben Sie etwas Geld weg.* Es spielt keine Rolle, an wen und warum. Geben Sie es einfach nur weg. Sie werden feststellen, dass Sie den Fluss in Gang gesetzt haben. Bereiten Sie sich dann darauf vor, dass nun Ihnen Geld zufließen wird. Denn Sie können nicht etwas weggeben, das Sie nicht haben. Wenn Sie einem anderen Geld geben, ist das eine eindrucksvolle Erklärung gegenüber dem Universum über das, was Sie sich selbst haben sehen. Und das Universum verweigert Ihnen nie die Bestätigung des Bildes, das Sie von sich selbst haben.

Berichten Sie in Ihrer nächsten Arbeitsgruppensitzung von Ihren Erfahrungen. Erzählen Sie einander, wie lange es von Ihrer Absichtserklärung bis zu dem Moment dauerte, in dem das erste unerwartete Geld in Ihrem Leben auftauchte.

(Es ist keine Frage, dass es auftaucht. Passen Sie nur auf, dass Sie es nicht übersehen!)

Zusatzfragen
aus GMG I, *Kapitel 11*

1. Was sind einige typische Blockaden in Bezug auf die Fülle?
2. Wie können Sie am besten Ihr Glaubenssystem verändern?
3. Woher kommt der Großteil unserer Gedanken und Überzeugungen?
4. Gott bezieht seine Freude daraus, dass wir seinen Wünschen entsprechen. *Richtig oder unrichtig?*

12

12.1 Sein contra Tun

Wenn wir nun allmählich zu den letzten Kapiteln von GMG I kommen, stoßen wir auf einige der wichtigsten Informationen in diesem Buch, das so voller außergewöhnlicher Informationen steckt. Insbesondere Kapitel 12 enthält mindestens drei lebensverändernde Leitgedanken. Konzeptionen, die das Fundament unserer gegenwärtigen Realität erschüttern. Aus diesem Grund haben wir dieses Kapitel im Arbeitsbuch in drei Abschnitte unterteilt.

Diese drei Leitgedanken könnten Ihre ganze Lebenserfahrung umkrempeln, wenn Sie sie täglich anwenden. Sie lauten folgendermaßen:

- Du bist ein menschliches Wesen.
- Etwas wollen bedeutet, es von sich wegschieben.
- In unserem Leben geht es nicht um unseren Körper.

Nun klingt es fast albern, wenn wir sagen, dass der erste Leitgedanke tiefgründig ist. Doch seine Implikationen sind gewaltig, und seine Bedeutung wird zum Teil nur von den Fortgeschrittenen unter uns verstanden.

In *Gespräche mit Gott* wurde dieser Leitgedanke im Zusammenhang mit einigen zusätzlichen Überlegungen zum Geld eingeführt. Gott ist kein Dummkopf. Er weiß, dass er unsere Aufmerksamkeit gewinnt und uns unveränderliche Weisheiten unvergesslich eintrichtert, indem er sie auf praktische Alltagsprobleme anwendet. Und es gibt kein praktischeres oder alltäglicheres Problem als das Geld.

Für die meisten Menschen *ist* Geld ein Problem. Das gilt für die überwiegende Mehrheit der Menschen auf diesem Planeten. Es bedeutet für sie eine ständige Herausforderung. Vielleicht haben Sie diese Herausforderung schon überwunden. Vielleicht haben Sie das »Geld-Spiel« gemeistert. Wenn ja, dann gehören Sie zu einer Minderheit, sind Sie Mitglied einer sehr kleinen Gruppe. Lesen Sie trotzdem weiter. Sie können diese Informationen nutzen, um anderen zu helfen.

Das vermutlich größte Missverständnis, auf das ich immer und immer wieder bei den Menschen, die das »Geld-Spiel« zu enträtseln versuchen, stieß, liegt in ihrer Vorstellung begründet, wie uns Geld zukommt. Was lässt uns das Geld zufließen? Wie gelingt es, dass uns ein anderer dieses Zeug bereitwillig gibt?

Die meisten Menschen glauben (wie schon im letzten Kapitel erwähnt), sie bekommen Geld im Austausch für etwas, das sie tun. Sie geben dies, und bekommen das.

In Wahrheit hat Geld (und haben alle guten Dinge), das uns zukommt, nichts mit dem zu tun, was wir tun. Es *sieht* nur so aus – und ich gebe zu, dass dieser Anschein zuweilen sehr überzeugend wirkt.

Kapitel 12 in GMG I entwirft ein neues Denkmodell. Ein Denkmodell, das die Theorie vertritt, nicht das, was wir *tun*, sondern das, was wir *sind*, zieht die verschiedenen Erfahrungen unseres Lebens zu uns heran (einschließlich der Erfahrung finanzieller Fülle).

Wenn du denkst, dass es in deinem Leben ums Tun geht, dann verstehst du nicht, was für dich Sache ist. Deine Seele sorgt sich nicht darum, was du für deinen Lebensunterhalt tust – weder jetzt noch nach Beendigung deines Lebens. Deiner Seele liegt nur an deinem Sein, während du tust, was immer du tust. Der Seele geht es um den Seinszustand, nicht um die Beschaffenheit der Tätigkeit.

GMG I, Seite 257/258

Das ist die Aufgabe der Seele – und somit Ihre Aufgabe, Ihre »Mission«, Ihr *Sinn und Zweck* auf diesem Planeten und in diesem Leben. Sie sind hier, um etwas zu *sein*, nicht um etwas zu *tun*. Durch dieses Ihr *Sein* werden Sie andere »erretten« (erwecken).

Leitgedanke 29
Du bist ein menschliches Wesen.

Seien Sie versichert, dass dies mehr ist als nur ein einfacher Aphorismus. In dieser Aussage steckt eine enorme Wahrheit. Eine Wahrheit, die Ihr Leben für immer verändern könnte.

Viele Menschen meinen, der Weg zum *Sein* (das heißt, glücklich zu *sein*, sicher zu *sein*, im Frieden zu *sein*) ist der, dass sie bestimmte Dinge *tun*. Es ist gewiss eine Tatsache, dass *alles, was wir tun, einen Versuch darstellt, zu einem Seinszustand zu gelangen.* Mit jeder Handlung versuchen wir, einen Seinszustand zu erreichen. Wussten Sie das? Haben Sie das je so gesehen? Es ist wahr.

Können Sie sich an einen Fall erinnern, wo Ihnen gesagt wurde, dass Sie sich hinsichtlich Ihrer selbst nicht so gut fühlen sollten? Wer hat Ihnen das gesagt? Aus welchem Grund?

Lassen Sie mich das genauer erläutern.

Alles, was Sie tun, tun Sie aus einem *Grund.* Es ist ein *erwartetes* oder *erhofftes Ergebnis* damit verbunden. Dieses Ergebnis hat in fast allen Fällen mit einem Phänomen zu tun, das ich die Erwartungshaltung des »Habens« nennen möchte. Das heißt, meistens tun wir Dinge, weil wir *hoffen, daraus etwas zu bekommen.* Da gibt es etwas, das wir, wenn alles gesagt und getan ist, als Ergebnis von all dem zu »haben« hoffen.

Nun, manchen Menschen fällt es sehr schwer, das zuzugeben. Denn sie leben in einem Glaubenssystem, das besagt, dass »bekommen« oder »haben« etwas »überaus Schlechtes« ist, und wir deshalb die Dinge nicht um unseres persönlichen Nutzens, sondern um eines höheren Zwecks oder Ziels willen tun sollten. Das nennen sie »selbstloses Geben«.

In Wahrheit *gibt es so etwas wie ein selbstloses Geben nicht.* Und auch nicht so etwas wie *eine selbstlose Handlung.* Schon der Akt selbstlosen Tuns ist ein *selbstsüchtiger* Akt, denn er gibt uns das Gefühl, dass wir etwas Selbstloses tun, und das ist ein gutes Gefühl. Wir haben dann ein gutes Gefühl in Bezug auf die eigene Person. Was im Übrigen *absolut in Ordnung ist.*

Ich betone das, weil manche darauf bestehen, dass es

nicht »Recht« ist, ein gutes Gefühl in Bezug auf die eigene Person zu haben. Das Ego übe hier einen unangemessenen Einfluss auf uns. Es sei dies. Es sei das. Bei Gott, es sei der Satan. In Wahrheit ist es nichts dergleichen. Ihr ganzes irdisches Dasein ist ja nichts weiter als der Versuch, sich hinsichtlich Ihrer selbst gut zu fühlen. Denn das, was Sie sind, *ist* »gut«. Sie *sind* in Wirklichkeit »das, was gut ist«. Und Sie unternehmen in Ihrem Leben nichts weiter als den Versuch, *sich selbst genau als die oder den zu erfahren, die oder der Sie sind.*

(Sie sollten in Erinnerung an das, was Gott über Sie zu sagen hat, die bemerkenswerte und treffendste Aussage in GMG über Wer-Sie-Sind, die in diesem Arbeitsbuch auf Seite 162ff. wieder gegeben ist, täglich lesen.)

Machen wir uns also klar, dass es nicht nur keine selbstlosen Handlungen gibt, sondern auch, dass alles Handeln nie als selbstloser Akt *gedacht* war. Tatsache ist, dass es *bei allem Handeln ja gerade darum geht, eine Selbst-Erfahrung zu bewirken.*

Die meisten Menschen sehen das anders. Sie erkennen nicht, was sich hier wirklich abspielt. Nach ihrem Verständnis tun sie Dinge, um etwas zu *bekommen*, und meinen, dass sie, wenn sie diese Dinge *haben*, etwas *sein* werden.

Vielleicht werden sie »glücklich« sein. Oder sie werden in »Sicherheit« sein. Oder endlich im »inneren Frieden« sein. Sie meinen, dass diese »Seinszustände« aus dem hervorgehen werden, was sie bekommen, nachdem sie alles getan haben, was sie getan haben.

Kapiert?

Gut, denn dies ist nicht einfach zu verstehen.

Falls Sie nun nicht glauben, dass die Theorie über das menschliche Verhalten korrekt ist (oder wenn Sie einen Beweis dafür haben möchten), dann machen Sie folgende Übung.

Übung

Analysieren Sie, warum Sie bestimmte Dinge tun. Benutzen Sie die folgende Vorlage, tragen Sie in Spalte 2 ein, was Sie Ihres Erachtens von den Erfahrungen »bekommen«, die Sie aus Ihrem üblichen alltäglichen »Tun« beziehen. Führen Sie dann in Spalte 3 auf, wie Sie sich Ihrer Meinung nach fühlen werden, wenn Sie das, was Sie in Spalte 2 eingetragen haben, bekommen haben.

(Ich habe zur Verdeutlichung ein paar Beispiele auf der Grundlage meiner eigenen Erfahrungen aufgeführt.)

Eine übliche Handlung von mir	**Was ich »bekomme«, wenn ich dies tue**	**Was ich »sein« (fühlen) werde, wenn ich dies bekomme**
Gehe jeden Tag arbeiten	einen Gehaltsscheck	abgesichert
Rufe meine Frau an, wenn ich mich verspäte	den Dank und die Zustimmung meiner Frau	glücklich
Schalte den Blinker ein, bevor ich abbiege	ich setze ohne Unfall meinen Weg fort	in Sicherheit
Sie sind dran ...		

Für viele Leute ist das ganze Leben ein Prozess, bei dem sie etwas *tun*, um etwas zu *haben*, um dann etwas zu *sein*. Und damit verkehren Sie das Paradigma vom Sein-Tun-Haben. Sie versuchen, in einen Zustand des Seins zu gelangen, indem sie sich ins Tun begeben. Doch der schöpferische Prozess funktioniert anders herum besser. Entscheiden Sie erst, was Sie *sein* wollen (das heißt, welchen Seinszustand Sie erleben wollen), und begeben Sie sich dann in dieses Sein, ohne etwas zu tun.

Sie werden feststellen, dass diesem Sein das Tun entströmt. Ja, das voll und ganz erlebte Sein *erzeugt* Tun. Und dieses Tun wird das Sein, aus dem es hervorging, widerspiegeln.

Lassen Sie mich das erklären.

Ein Mensch kann entweder etwas *tun*, um »glücklich zu sein«, oder er kann den Tag damit beginnen, dass er einfach beschließt, »glücklich zu sein«, und dann werden die Dinge, die dieser Mensch *tut*, ganz automatisch das widerspiegeln. Sie können entweder das Tun als Mittel zum Erreichen von Sein benutzen, oder Sie können sich dazu entschließen, schon »dort zu sein« – *und Ihr Tun eine Demonstration dieses »Dortseins« sein lassen.*

Versuchen wir es mit einem gedanklichen Experiment. Fragen Sie sich Folgendes: Würde es, wenn ich mich ganz einfach, willkürlich und ohne etwas Bestimmtes dafür zu tun, dazu entscheiden würde, die nächste Stunde über »glücklich zu sein«, irgendetwas an den Dingen ändern, die ich in dieser Zeit sage oder tue?

Versuchen wir es noch mit ein paar anderen Seinszuständen. Nehmen wir an, Sie beschließen nur so aus Spaß, verführerisch zu sein; sinnlich zu sein. Würden Sie dann etwas anderes sagen oder sich anders verhalten, als Sie es normalerweise tun? Wie steht es mit dem Mitgefühl? Glauben Sie, Sie könnten willkürlich beschließen »mitfühlend zu sein«? Und wenn ja, würde das Ihrer Meinung nach irgendetwas an Ihrem Verhalten ändern, und sei es auch nur für kurze Zeit? Natürlich würde es das, und zwar in jedem Fall.

Tat-Sache ist (und das ist eines der großen Geheimnisse des Lebens), Sie können sich dazu entscheiden, in jedem gewünschten Seinszustand zu *sein,* und Sie können *diese Wahl vorab treffen.* Ihre Erfahrung von diesem Seinszustand braucht keine Reaktion auf die Vorgänge zu sein, die sich um Sie herum abspielen. Im Gegenteil. Was um Sie herum vorgeht, könnte ein Ergebnis Ihres *Seinszustands* sein.

Wenn Sie das begreifen, fangen Sie an, das Leben auf den Kopf zu stellen. Sie reagieren nicht länger auf Situationen, Sie erschaffen sie. Sie gehen *von* einem Seinszustand *aus,* statt den Versuch zu unternehmen, *in* einen Seinszustand zu gelangen. Da besteht der ungeheuer große Unterschied.

Denkpause

Aufgabe

Zeichnen Sie auf ein Blatt Papier sieben Quadrate in horizontaler Linie. Schreiben Sie über jedes Quadrat einen Wochentag.

Suchen Sie sich nun sieben »Seinszustände« aus, die Ihnen zusagen (»glücklich«, »sinnlich«, mitfühlend« etc.) und schreiben Sie sie jeweils in eines der Quadrate.

Entscheiden Sie sich nun in der kommenden Woche vorab, jeden Tag das zu *sein*, was Sie in das Quadrat für den jeweiligen Tag geschrieben haben. *Tun* Sie, was immer nötig ist, um es zu *sein*. Erinnern Sie sich untertags immer wieder an Ihre Entscheidung und deponieren Sie überall kleine Zettel. (»Sei GLÜCKLICH«, »Sei SINNLICH«, »Sei SICHER« etc.)

Arbeiten Sie hart daran. *Tun Sie nichts,* was Sie von Ihrem für den Tag gewählten Seinszustand abbringt.

Führen Sie Protokoll über Ihre Erfahrungen und vermerken Sie jeden Abend detailliert, wie es Ihnen den Tag über ergangen ist, und wie oft Sie bewusst Ihren vorab gewählten Seinszustand erfahren haben.

Das nennt man »Bewusste Schöpfung«.

Sie erschaffen buchstäblich Ihr *Selbst.* Oder genauer gesagt, Sie *erschaffen sich aufs Neue wieder.*

Seien Sie nicht überrascht, wenn Sie das als einen Augenblick des Durchbruchs in Ihrem Leben erfahren.

12.2 Vergeudet nicht durch Wollen

Gott sagt, dass wir das, was wir haben wollen, nicht haben können.

Nun, diese Aussage ist möglicherweise nicht leicht zu schlucken, aber es ist die Wahrheit.

Denk daran, ihr könnt nicht haben, was ihr wollt, aber ihr könnt alles erfahren, was ihr habt. GMG I, Seite 266

Diese Aussage gründet sich auf eine sogar noch umfassendere Wahrheit, die im Leitgedanken 3 in diesem Arbeitsbuch enthalten ist: »Gedanke, Wort und Tat sind die drei Ebenen der Schöpfung.«

Wenn Sie sich auf diesen drei Schöpfungsebenen an einem Ort des etwas »Wollens« befinden, *können Sie es nicht haben.*

Leitgedanke 30
Etwas wollen bedeutet, es von sich wegschieben.

Wie kann das wahr sein? Und wie kann Gott uns dann einladen, ihn anzurufen, wann immer wir in Not sind?

Das ist ganz einfach und beinhaltet keinen Widerspruch. Rufen wir uns zunächst in Erinnerung, dass unsere

Gedanken schöpferische Kraft, unsere Worte schöpferische Kraft und unsere Handlungen schöpferische Kraft haben. Tatsächlich sind unsere Handlungen Schöpfungen an und für sich und dienen dazu, andere Schöpfungen hervorzubringen.

Wenn nun Ihr Gedanke in Bezug auf etwas (z.B. Geld) besagt, dass Sie es »nicht haben, aber haben wollen«, und wenn Ihre Worte und Handlungen dasselbe besagen, dann hat das Universum keine andere Wahl, als Sie genau das erfahren zu lassen, was Sie herbeibeschworen haben, nämlich … *die Erfahrung, es haben zu wollen.*

Sehen Sie, das Universum ist ein gigantischer Kopierer. Und genau wie unsere Kopierer fällt es kein Urteil über das, was Sie in sie hineinlegen. Es kopiert es einfach.

Betrachten Sie es einmal so: Dieser spezielle Kopierer ist ein Computer. Und das Wort »ich« ist der Zugangscode. »Ich« öffnet das Programm. Was immer Sie nach diesem »Ich« oder »Ich bin« sagen, funktioniert wie ein Computerbefehl. Er sagt dem Programm, was es tun soll. Und in diesem Fall heißt das Programm »SCHÖPFUNG«.

Es gibt noch eine andere Möglichkeit, die ich gerne anwende, um den Leuten dabei zu helfen, die Kraft und Macht ihrer Gedanken, Worte und Taten wirklich zu verstehen. Ich sage ihnen: »Sie sind immer am Beten.«

»Was?«, fragen sie dann.

Und ich wiederhole: »Sie sind *immer am Beten.*«

Denken Sie darüber nach. Stellen Sie es sich vor. Wie würden Sie sich fühlen, was würde sich ändern, wenn Sie mit einem Paradigma lebten, das besagt, dass jeder Ihrer Gedanken, jedes Ihrer Worte und jede Ihrer Taten ein Gebet ist?

Ihre Aussagen sind Ihre Bitten. Wenn Sie also sagen: *»Ich will Geld haben«* und das oft genug wiederholen, werden Sie genau das bekommen. Sie werden sich dabei finden, dass Sie *Geld haben wollen.*

Wann haben Sie das letzte Mal gebetet? War es ein Bittgebet oder ein Dankgebet?

Und um es noch einmal anders auszudrücken, denken Sie sich dies als eine Selbst-Beschreibung. Wenn Sie das Wort »ich« benutzen, beschreiben Sie sich selbst und das, was für Sie wahr ist. Das Universum hat keine andere Wahl, als Ihrer Beschreibung zuzustimmen und sie in Ihrer Realität zu manifestieren.

Aus all den genannten Gründen kann ich zweifelsfrei sagen: *Bitten Sie Gott nie um etwas. Danken* Sie ihm stattdessen.

Das machtvollste Gebet ist das Dankgebet.

Ein Meister ist jemand, der für etwas Gewähltes *vorab* dankbar ist. Eine Meisterin *will* niemals etwas. Denn sie weiß, dass etwas wollen etwas vergeuden heißt. Das bedeutet, Sie vergeuden die Tatsache, *dass Sie es schon haben.*

Gott sagt in GMG, dass wir schon alles haben, was wir je wollen könnten. Das ist keine neue Information. Wir haben sie auch aus anderen Quellen erhalten. (»Noch bevor ihr bittet, werde ich geantwortet haben.«) In GMG II wird erklärt, dass es so etwas wie die Zeit nicht gibt, nur den Ewigen Moment des Jetzt. Von daher haben Sie alles, was Sie je hatten oder haben werden, *jetzt.* Sie wissen es nur nicht. Sie sind sich dessen nicht bewusst, dass es da ist.

Sie wandern unbewusst herum.

Meister und Meisterinnen tun das nicht. Sie sind sich bewusst und gewahr, dass ihnen, was immer sie wählen, bereits gegeben, dass es bereits gegenwärtig ist. Um es zu erfahren, braucht man einfach nur sein Bewusstsein zu erweitern. Meister und Meisterinnen sprechen also *immer* Dankgebete. *Dankbarkeit* ... so sagen sie ... *ist die Einstellung.*

Ein Kurs in Wundern inspirierte mich dazu, das machtvollste Gebet einzusetzen, dass ich je gehört habe:

Danke, Gott, dass du mir geholfen hast zu verstehen, dass dieses Problem schon für mich gelöst wurde.

Haben Sie je ein machtvolleres Gebet gehört? Ich denke nicht.

Die Arbeit des Schülers, der die Meisterschaft anstrebt, besteht in der Veränderung seiner Einstellung. Das bedeutet die Veränderung eines jeden Gedankens, eines jeden Wortes und einer jeden Tat.

Versuchen Sie es für den Anfang mit folgender Übung:

Übung

Im Folgenden sind ein paar Begriffe aufgeführt, die viele Aspekte des menschlichen Lebens abdecken. Darunter finden Sie jeweils eine Aussage, die man dazu oft hört. Schreiben Sie darunter eine neue Aussage, welche die hier präsentierte Wahrheit auf bessere Weise wiedergibt.

Gegenstand:

Geld

Eine dazu oft gehörte Aussage:

»Ich brauche mehr Geld, und ich will es jetzt gleich.«

Eine neue Aussage zu diesem Gegenstand, die die Wahrheit verkörpert, die ich jetzt kenne:

____

____

____

Gegenstand:

Sex

Eine dazu oft gehörte Aussage:

»Ich wollte, ich hätte mehr Sex. Ich möchte mehr Romantik.«

Eine neue Aussage zu diesem Gegenstand, die die Wahrheit verkörpert, die ich jetzt kenne:

____

____

____

Gegenstand:

Liebe

Eine dazu oft gehörte Aussage:

»Ich will jemanden haben, den ich lieben kann! Jemanden, der mich liebt! Ist das zu viel verlangt?«

Eine neue Aussage zu diesem Gegenstand, die die Wahrheit verkörpert, die ich jetzt kenne:

____

____

____

Gegenstand:

Gott

Eine dazu oft gehörte Aussage:

»Ich bin mir nicht einmal sicher, dass ich an Gott glaube. Warum antwortet er nicht auf meine Gebete?«

Eine neue Aussage zu diesem Gegenstand, die die Wahrheit verkörpert, die ich jetzt kenne:

____

____

____

Sie wollen diese Übung vielleicht fortsetzen (ja, wir empfehlen es Ihnen), indem Sie sich noch mindestens weitere sechs Begriffe und dazu jeweils eine »oft gehörte Aussage« und Ihre »neue Aussage« einfallen lassen. Veranstalten Sie in Ihrer Arbeitsgruppe ein Brainstorming.

Wenn Sie allein arbeiten, dann setzen Sie diese Übung in Ihrem Journal fort und lassen Sie sich Themen einfallen, über die Sie gerne auf neue Art denken würden.

Das ist die *Bewegung des Neuen Denkens,* von der Sie so viel gehört haben. Nun wissen Sie, worum es bei all dem wirklich geht!

Weiterführende Diskussion

Warum »Affirmationen« nur selten funktionieren

Inzwischen mögen Sie zum Schluss gekommen sein, dass wir hier lediglich eine Reihe von Affirmationen entwickelt haben. Nun, vielleicht. Doch diese »Affirmationen« unterscheiden sich von denen, wie sie in vielen Bereichen, von vielen Lehrern eingesetzt werden.

Einmal gehört ist tausend Mal gehört: »Meine Affirmationen funktionieren nicht! Ich mache sie und mache sie und mache sie, und sie funktionieren nicht. Ich denke sie, ich schreibe sie auf, ich spreche sie, aber sie funktionieren einfach nicht.« Dafür gibt es einen Grund. Affirmationen funktionieren selten, wenn sie eine Verkündigung dessen sind, was unserem Wunsch nach so sein soll. Sie funktionieren hingegen fast immer, wenn sie eine Erklärung dessen sind, was *bereits so ist.* Und Sie müssen *glauben,* dass es bereits so ist.

Haben Sie schon einmal für sich Affirmationen benutzt? Wenn ja, glauben Sie, dass sie funktionieren? Was halten Sie von den hier vorgetragenen Gedanken?

Nein, sie müssen es nicht glauben. Sie müssen es *wissen.* Wissen und glauben sind nicht dasselbe. *Wissen* erfordert eine Glaubensebene, die bei weitem alles übersteigt, was *glauben* normalerweise beinhaltet. Sie können eine Sache glauben, und das ist gut. Aber wenn Sie etwas absolut wissen, dann ist das unendlich besser. Sie können von einer hohen Stufe heruntertreten und glauben, dass Sie nicht fallen werden, und Sie können von ihr heruntertreten und wissen, dass Sie nicht fallen werden. Das ist ein riesiger Unterschied, ein Unterschied, den Sie *fühlen.*

Mit dem Glauben ist immer Zweifel verbunden, zumindest ein kleines bisschen. Deshalb nennen wir es »Glauben«. Beim Wissen ist aller Zweifel ausgelöscht. *Da gibt es keinen Zweifel mehr.*

Ich habe Menschen immer und immer wieder mit Affirmationen arbeiten sehen, Affirmationen wie: »Ich bin reicher, als ich es mir überhaupt vorstellen kann« oder: »Ich habe meinen perfekten Lebensgefährten«. Manche Lehrer raten ihren Schülern sogar, noch ein Datum hinzuzufügen: »Bis Juni finde ich meinen perfekten Lebensgefährten.«

Das Problem dabei ist, dass Sie, wenn die Affirmation wirksam sein soll, *wissen* müssen, dass diese Aussage *jetzt für Sie stimmt, wahr ist.* Und die meisten Menschen können sich nicht auf eine Bewusstseinsebene begeben, die ausreicht, um die Wahrheit in Aussagen wie: »Ich bin reicher, als ich mir überhaupt vorstellen kann«, sehen zu können. Sie machen diese Affirmation und innerlich schreit es in ihnen auf: »Alles Quatsch, was du da sagst!«

Und das ist der Trick: Verwenden Sie Affirmationen, die etwas aussagen, was Sie für sich im gegenwärtigen Moment als Wahrheit akzeptieren können. Wenn Sie erleben, wie sie sich dann manifestieren, stärkt das Ihre »Fähigkeit zu wissen«. Danach werden Sie sogar noch größere Wahrheiten wissen. Und noch größere. Und bald werden Sie ein *wirklicher Alles-Wisser* sein!

Hier ist, um eines der obigen Beispiele zu verwenden, eine Affirmation, ein »neuer Gedanke«, in den sich die meisten versetzen können, ohne daran zu zweifeln: »Mein perfekter Lebensgefährte kommt jetzt auf mich zu.«

Sie mögen meinen, dass es sich hier um Wortspielerei handelt, aber Sie sollten wissen, dass diese kleine Änderung in der Ausdrucksweise mehr als nur eine andere Wortwahl ist: Sie kann Leben verändern.

Und ja, ich bin mir des Einwands bewusst, dass es sich hier um eine schwache Affirmation handelt, denn wenn wir das ständig in dieser Form sagen, sorgen wir dafür, dass unser perfekter Lebensgefährte ständig »auf dem Weg« zu uns ist und nie »ankommt«. Aber wenn wir in dieser Art mit einem *neuen* Gedanken arbeiten, müssen wir immer da anfangen, wo wir gerade sind; mit dem beginnen, was wir akzeptieren können. Wenn eine Person akzeptieren kann, dass dieser perfekte Lebensgefährte oder diese perfekte Lebensgefährtin auf dem Weg zu ihr ist, erzeugt das eine ganz neue Geisteshaltung, die ihrerseits eine ganz neue Realität erschaffen kann. Vertrauen Sie mir. Ich habe erlebt, dass es funktioniert.

Denkpause

Aufgabe

Denken Sie in dieser Woche über das nach, was Sie denken. Sagen Sie etwas über das, was Sie sagen. Tun Sie etwas bezüglich dessen, was Sie tun. Wissen und verstehen Sie, dass Ihre Gedanken, Worte und Taten Ihre Realität erschaffen.

Führen Sie Protokoll über Ihr Denken, Sagen und Tun in dieser Woche. Konzentrieren Sie sich dabei auf bestimmte Themen. Wählen Sie zehn Themen aus, um die sich Ihr Leben dreht. Achten Sie dann in den folgenden sieben Tagen auf das, was Sie in Bezug auf diese Aspekte an Erfahrung erschaffen. Bleiben Sie den Dingen auf der Spur.

Erstatten Sie bei der nächsten Sitzung Ihrer Arbeitsgruppe Bericht oder schreiben Sie in sieben Tagen einen Bericht darüber in Ihr Journal.

12.3 Wir sind »no body« – nicht unser Körper

Es ist interessant, dass Millionen Eltern wie der Teufel arbeiten, weil sie hoffen, dass ihre Kinder eines Tages in dieser Welt »somebody«, also »ein Jemand« sein werden. Natürlich gibt es keinen Teufel, aber wenn es ihn gäbe, dann würde er wollen, dass wir genau das tun. Hier ein Tipp: Arbeiten Sie wie ein *Gott,* sodass Ihre Kinder eines Tages »nobody«, also »kein Körper« sein können.

Es gibt keinen für die Menschheit zerstörerischeren Gedanken als den, dass wir unser Körper sind. Wenn Sie glauben, Sie seien Ihr Körper, treffen Sie alle möglichen Entscheidungen und Beschlüsse, wählen Sie Dinge, die Ihnen nur wenige oder gar keinen Nutzen bringen werden. Möglicherweise ist Ihnen das bereits aufgefallen.

Die scheinbar unerbittliche Entweihung und Schändung dieses Planeten, die Kriege, die im Verlauf der Jahrhunderte Milliarden getötet haben, der Schmerz, die Kränkungen und Demütigungen, die die Menschen jeden Tag überall auf der Welt erleiden – alles das geht auf ein einziges gewaltiges Missverständnis zurück. Wir denken, dass wir unser Körper sind.

Nichts könnte der Wahrheit ferner sein. Und ein Ausleben dieser Vorstellung entfernt *uns* immer weiter von der Wahrheit. Es entfernt die ganze Menschheit so weit von der Wahrheit wie nur irgend möglich. Ein solches Leben hat nichts mit der Wirklichkeit zu tun. Es ist unwirklich.

Auf welchen Teil Ihres Körpers sind Sie am meisten stolz? Und auf welchen am wenigsten? Mögen Sie Ihren Körper?

Haben Sie sich, wenn Sie die Zeitung lasen oder im Fernsehen die Abendnachrichten verfolgten, je gesagt: »Mann, das kann doch *nicht wirklich* wahr sein!«?

Nun, Sie haben Recht. Und die Menschheit sieht sich jetzt, beim Eintritt in ein neues Jahrtausend, vor die Herausforderung gestellt, endlich »die Wirklichkeit leben« zu wollen, oder aber weiterhin dieselben Entscheidungen zu treffen und damit dieselben Resultate zu produzieren.

Es ist schwer, sich nicht mit dem eigenen Körper zu identifizieren. Schließlich ist er unser »Ich«. Zumindest *scheint* er es zu sein. Und ganz sicher ist er das einzige Ich, das wir je kennen gelernt haben.

Oder etwa nicht?

Haben Sie je »ein anderes« Ich kennen gelernt? Haben Sie je das Gefühl gehabt, mit einem anderen Teil oder Aspekt Ihres Selbst in Berührung gekommen zu sein? Wie fühlte sich das an?

Gleich, wie es sich anfühlte – wenn Sie jemals diese Erfahrung machten, sind Sie nun vielleicht nicht mehr ganz so sicher, dass Ihr Körper das *ist,* was-und-wer-Sie-wirklich-sind. Ganz im Gegenteil. Sie sind sich möglicherweise nun ziemlich sicher, dass er es *nicht* ist.

Wer eine solche transzendente Erfahrung gemacht hat, ändert daraufhin oftmals seine ganze Lebensweise.

Es kommt in der Entwicklung einer jeden Seele eine Zeit, in der ihr Hauptinteresse nicht länger dem Überleben des physischen Körpers gilt, sondern dem Wachstum des reinen Geistes; nicht länger dem Erreichen von weltlichem Erfolg, sondern der Verwirklichung des Selbst.

GMG I, Seite 272

Tatsächlich geht es in Ihrem Leben nicht um das, was Ihr Körper tut – doch das Tun Ihres Körpers ist ein Spiegelbild dessen, worum es in Ihrem Leben geht.

Das heißt, dass Ihr Körper *jedermann zeigt,* worum es in Ihrem Leben geht, aber in Ihrem Leben geht es nicht um das, was Ihr Körper tut. In Ihrem Leben geht es um das, was Sie sind. Und was Sie werden. Und was Sie geworden sind, *ist ersichtlich* in allem, was Ihr Körper tut.

Ich möchte das wiederholen. In Ihrem Leben geht es um das, was *Sie sind.* Und Sie sind viel mehr als Ihr Körper. Sie sind Ihr Körper, Ihr Geist und Ihre Seele, eine Kombination aus allen dreien. Was Ihr Körper Tag für Tag tut, ist ein *Hinweis* auf die Beschaffenheit dieser Kombination – doch er *erschafft* sie nicht.

Und somit kommen wir zu einer weiteren Weisheit, die sich lebensverändernd auswirken kann.

Leitgedanke 31
In unserem Leben geht es nicht um unseren Körper.

Das ist eine unglaubliche Aussage. Und sie ist ganz besonders atemberaubend, weil die meisten Menschen, die sich in der irdischen Existenz befinden, denken, dass es in ihrem Leben tatsächlich um ihren Körper geht.

Die meisten Menschen kreieren ein ganzes Lebensszenarium um den Gedanken, dass sie ihr Körper sind. Es werden wesentliche Entscheidungen getroffen, Beschlüsse umgesetzt, die, wie die Menschen glauben und hoffen, ihrem Körper und den Körpern jener, die sie lieben, Nutzen, Hilfe, Komfort bringen, und ja, physische Befriedigung und Glücksgefühle verschaffen werden.

Wo würde uns das hinbringen, wenn wir dächten, wir sind nicht unser Körper? Welchen Grund hätten wir, irgendetwas zu sein, zu tun oder zu haben? Das ist eine sehr gute Frage, und eine, die zu erforschen GMG uns ermuntert.

Wenn wir sie gründlich genug erforschen, werden wir folgende Antwort entdecken: Wir würden uns dazu entscheiden, etwas zu sein, etwas zu tun oder etwas zu haben, nicht wegen des Nutzens, den unserem Gefühl nach unser Körper davon haben würde, sondern wegen des Nutzens, den unsere Seele daraus ziehen könnte.

Wir würden jede Handlung als einen Akt der Selbstdefinition betrachten. Wir würden eine Handlung, ein Wort, einen Gedanken auf der Grundlage unserer Vorstellung von uns selbst wählen oder ablehnen, und auf der Grundlage dessen, wie gut unserer Meinung nach dieser Gedanke, dieses Wort oder diese Handlung diese Vorstellung befördert. Wir würden jede Option, die sich in unserem Leben präsentiert, unter dem Gesichtspunkt betrachten, ob sie sich mit dem, wer-wir-sind und wer-zu-sein-wir-wählen in harmonischem Einklang befindet oder in Missklang. Dann müssten wir einfach nur noch darüber entscheiden, ob wir wirklich wählen, das zu sein, oder nur ein Lippenbekenntnis ablegen wollen.

Übung

Akzeptieren Sie für den Augenblick, dass der obige Leitgedanke buchstäblich wahr ist. Was, wenn überhaupt, würde sich an Ihrer Lebensweise ändern, wenn Ihr Leben nichts mit Ihrem Körper zu tun hätte oder damit, dass Sie dem Körper eines anderen Vergnügen bereiten, für ihn sorgen oder ihn schützen?

Im Hinblick auf meine/n …	**würde sich Folgendes ändern**
… Ehe oder meine Erfahrung mit romantischer Partnerschaft …	
… Job oder meine Erfahrung mit Karriere und »rechtem Lebensunterhalt« …	
… Lebensstil oder meine Erfahrung mit der Umwelt, persönlichen Aktivitäten und Freundschaften …	
… Hobbys oder meine Erfahrung mit mir selbst in meiner Freizeit …	
… Geld oder meine Erfahrung damit, wie und wofür ich mein Einkommen ausgebe …	
… Sexualität oder meine Erfahrung mit meinem sinnlichen Selbst …	
… Spiritualität oder meine Erfahrung mit meinem höheren Selbst …	
Erweitern Sie die Liste, wenn Sie möchten, um noch tiefer in sich hineinzusehen.	

Weiterführende Diskussion

Nicht ins Extrem verfallen

So befreiend diese Informationen und diese Übung auch sein mögen – es ist wichtig, dass Sie die Dinge nicht zu weit treiben. GMG I warnt vor Überreaktionen (siehe Seite 272–274). Hat man erst einmal erkannt, dass das eigene Leben nichts mit dem Körper zu tun hat, mag es sehr verführerisch sein, sich nicht mehr um dessen Belange zu kümmern, aber dann würde man verschwenderisch mit ihm umgehen. Das wäre kein Ehren des Tempels Ihres Seins. Ehren Sie diesen Tempel, ehren Sie Ihren Körper – bauen Sie einfach nur nicht Ihr ganzes Leben und alle Ihre Entscheidungen auf ihm auf.

Wenn Sie alle Ihre täglichen Beschlüsse und Entscheidungen auf das gründen, was sie für Ihren Körper bewirken, werden Sie viele Jahre mit Aktivitäten des »Tuns und Machens« verbringen, die nichts mit Ihrer Seele zu tun haben. Ihre Seele wird sich leer fühlen. Sie werden sich schließlich fragen, was eigentlich der Sinn Ihres Lebens war.

Interessanterweise wird das sonst niemanden kümmern. Niemand führt Buch, niemand sieht zu. Niemand wird über das Endergebnis richten. Nicht einmal Gott.

Am Ende sind da nur wir und unser Selbst. Nur wir und Wir.

Und wir schaffen am meisten Leere – und am meisten Enttäuschung – in unserem Leben, wenn wir uns selbst im Stich lassen, wenn wir nur unserem Körper Aufmerksamkeit schenken und uns nicht auf die größeren Aspekte des Lebens konzentrieren.

> *Was haben Sie heute getan, um den Tempel Ihres Seins zu ehren?*

Die Ironie dabei ist, dass wir uns das selbst antun. Wie Walt Kellys köstliche Cartoongestalt *Pogo* trocken bemerkt:

»Wir sind dem Feind begegnet, und er ist wir.«

Denkpause

Experiment

Wenn Sie in den kommenden sieben Tagen eine Entscheidung zu treffen haben – ganz gleich, ob es um etwas Einfaches geht wie das Mittagessen oder etwas so Komplexes wie, was Sie als Nächstes in Ihrer Beziehung oder Ihrer Arbeit tun möchten –, dann halten Sie vorher kurz ein. Bevor Sie irgendeinen Schritt tun oder irgendetwas verkünden, versuchen Sie sich erst einmal Ihre großartigste Vorstellung von sich selbst zu vergegenwärtigen. Messen Sie dann Ihre Möglichkeiten an dieser Vorstellung und sehen Sie, ob irgendwelche davon dazu passen.

Stellen Sie fest, wie oft Sie das in dieser Woche bewerkstelligen können und in welcher Weise, wenn überhaupt, dies Ihren Entscheidungsprozess beeinflusst.

Bringen Sie die Resultate Ihres Experiments zur nächsten Sitzung Ihrer Arbeitsgruppe mit oder halten Sie sie in Ihrem Journal fest.

Zusatzfragen
aus GMG I, *Kapitel 12*

1. Welchen Quellen entspringen das »Tun« und das »Sein«?
2. Die menschliche Seele ist bestrebt, Gott zu sein. *Richtig oder unrichtig?*
3. Manchmal widerfahren uns »schlechte« Dinge im Leben, die nicht in unserem besten Interesse sind. *Richtig oder unrichtig?*
4. Welche Rollen spielen die Seele, der Geist und der Körper im Rahmen unserer irdischen Erfahrung?
5. Wenngleich es auch nicht der aufgeklärteste Weg sein mag: Gehorsam gegenüber Gott bewirkt Erlösung. *Richtig oder unrichtig?*
6. Wann erreicht die Seele ihr Ziel, sich endlich »selbst erfahrungsgemäß zu erkennen«?
7. Gott sagt, dass wir als schöpferische Wesen alles haben können, was wir wollen. *Richtig oder unrichtig?*
8. Welcher Gedanke oder welche Einstellung bringt unsere Wünsche zur Verwirklichung?
9. Zum Zeitpunkt, den wir Tod nennen, geben wir unseren Körper auf, bleiben aber in unserer Seele lebendig. *Richtig oder unrichtig?*
10. Der ursprüngliche Plan, der Urgedanke von wer-wir-wirklich-sind wird durch alle unsere vielen Leben hinweg von __________ bewahrt.
11. Das einzige Urteil, das Gott über unser Leben fällt, erfolgt nach unserem Tod. *Richtig oder unrichtig?*
12. Welche Dinge brauchen wir, um wahrhaft glücklich zu sein?

13. Es ist spirituell ungehörig, auf einer der eigenen Seele förderlichen Arbeit oder anderen Aktivität zu bestehen, wenn diese für die von uns abhängigen Personen eine reduzierte Lebensqualität zur Folge hat. *Richtig oder unrichtig?*

13

13.1 Einfach um der Gesundheit willen

Ich hätte dies nicht vermutet, doch es stellte sich heraus, dass eines der umstrittensten Kapitel von GMG I das Kapitel über *Gesundheit* war.

Wir müssen alle ganz schön an unseren Lastern hängen, denn von den sehr wenigen ablehnenden Briefen, die ich zu Band 1 bekam (weniger als hundert von bis zu diesem Zeitpunkt sechstausend Briefen waren negativen Inhalts), konzentrierten sich die meisten auf dieses Kapitel – und das in einem Buch, das voll von zum Teil ziemlich unerhörtem Zeug ist.

Nach der Reaktion der Leser zu urteilen, muss vor allem das Alkoholtrinken eine Lieblingsbeschäftigung der menschlichen Wesen sein. Und was war das für eine Aussage zum Thema Gesundheit, die einen solchen Aufruhr verursachte?

Der Körper ist nicht darauf ausgerichtet, Alkohol aufzunehmen. Das beeinträchtigt und schädigt den Geist.

GMG I, Seite 289

Ich hätte gedacht, dass diese zu den mildesten Aussagen im Buch gehört. Doch da haben wir's. Als Population hängen wir ganz schön an unserem »Stoff«. Wir mögen auch unser rotes Fleisch, und beides bringt uns um. Und als ob das noch nicht ausreichte, sorgen Millionen von uns mit Tabak dafür, dass wir uns auch garantiert um die Ecke bringen.

Manche von Ihnen, die dieses Arbeitsbuch jetzt lesen, geben sich wahrscheinlich allen drei Dingen hin.

Nun, daran ist nichts »falsch«. »Richtig« und »falsch« sind Werturteile, keine Realitäten. Das haben wir bereits festgestellt. Seien Sie nur so ehrlich und geben zu, was Sie tun. Kommen Sie aus Ihrem Ableugnen und Ihrer Verdrängungshaltung heraus und treten Sie in die Wahrheit ein. Sagen Sie Ihren Liebsten unverblümt: »Schau, ich weiß, dass das Zeug nicht gut für mich ist, aber ich bin ein Schlappschwanz und Schwächling und kann nicht damit aufhören.« Oder sagen Sie, wenn Sie sich anders sehen: »Im Grunde bin ich kein Schwächling, und ich *kann* damit aufhören. Ich treffe nur einfach nicht die Wahl. Ich weiß, all dieses Zeug kann sogar mein Leben verkürzen, aber das ist mir egal. Ich weiß, dass dir das nicht egal ist, weil du mich liebst und möchtest, dass ich möglichst lange bei dir bleibe, aber offensichtlich ist mir auch das egal.«

Oder Sie können sich auch, falls auch *das* nicht Ihre Wahrheit sein sollte, immer noch in die New Age-Ecke zurückziehen und sagen: »Meine Gedanken erschaffen meine Realität, und mein Gedanke ist, dass mich dieses Zeug nicht schädigt.«

Abgesehen von der Tatsache, dass es gegenwärtig nur sehr wenige Wesen auf diesem Planeten gibt, die demonstriert haben, dass ihre persönliche Gedankenkraft stärker als die mitschöpferische Kraft des kollektiven Bewusstseins ist, sollte dies als Argument durchgehen.

Es liegt eine Ironie darin, dass die meisten Menschen sich zwar dafür entscheiden, an ihrem eigenen Niedergang festzuhalten, für viele es aber mit am schwersten zu akzeptieren ist, dass wir selbst für unsere Gesundheit verantwortlich sind. Eine schlechte Gesundheit ist nicht etwas, das uns *zustößt,* sie tritt *wegen* uns ein. (Dasselbe gilt natürlich für die gute Gesundheit.)

Es gibt tausendundeine Möglichkeit, wie sich diese Beziehung von Ursache und Wirkung in unserem Leben darstellen kann. Darum ist es so schwierig, diesen Zusammenhang zu erkennen, geschweige denn ihn voll und ganz zu verstehen.

Und gerade weil sich so viele Verwebungen im Stoff unserer Erfahrungen finden, ist es fast unmöglich, die Spur eines Fadens von Punkt A nach Punkt B – von dieser Ursache zu jener Auswirkung – zu verfolgen, wenn es um unsere Gesundheit geht. Und sobald wir mit irgendeinem wissenschaftlichen Beweis aufwarten, dass diese oder jene Verhaltensweise den menschlichen Organismus schädigt, erhebt sich sofort ein Chor von Besserwissern, die den Beweis abtun.

Es ist also schwierig, die Rolle zu erkennen, die wir bei der Erschaffung einer Krankheit, mit der wir behaftet sind, spielen. Doch das entkräftigt nicht die Wahrheit des folgenden Leitgedankens:

Leitgedanke 32
Deine Gesundheit ist deine Schöpfung.

Die meisten Menschen können sich selbst nicht als schöpferisch ansehen. Sie betrachten sich nicht als die Urheber des Gesundheitszustandes (und auch nicht für ihn verantwortlich), der gerade bei ihnen diagnostiziert wurde, oder für den Herzinfarkt im letzten Jahr oder für die Migräneanfälle, von Krankheiten wie Multiple Sklerose, Parkinson oder Alzheimer gar nicht zu reden. Wie sollte denn zum Beispiel ein kleines Kind an der Erschaffung seines Muskelschwunds teilhaben?

Das ist eine legitime Frage. Wir sind uns ziemlich sicher, dass es diese Krankheit nicht willentlich herbeibeschworen hat. Es war kein Akt der bewussten Wahl. – Heißt das, es war eine unbewusste Wahl?

Ja.

Diese Wahl wurde »unbewusst« getroffen in dem Sinn, dass etwas nicht absichtlich, auf der menschlichen Bewusstseinsebene nicht vorsätzlich getan wird.

Wir kennen den persönlichen Weg einer anderen Seele nicht. Es gehört nicht zum für uns vorgesehenen Plan, die Ziele und Absichten eines anderen Geistes zu kennen, wenn dieser wieder einmal eine physische Gestalt annimmt. Aber eines wissen wir. Nichts – gar nichts – geschieht in Gottes Welt ohne guten Grund. Alles, was sich in der Inkarnationserfahrung einer einzelnen Seele ereignet, ereignet sich auf *Geheiß* dieser Seele, als ein Ergebnis ihrer *Schöpfungen* oder ihrer *Mitschöpfungen* im Zusammenspiel mit anderen – was wir als die Schöpfungen des Kollektivbewusstseins bezeichnen könnten. (Dieses erschafft einen großen Teil unserer Realität.) Wie dem auch sei, GMG macht zu diesem Thema eine ganz klare und eindeutige Aussage.

Jegliche Krankheit wird von euch selbst erschaffen. Selbst konventionell denkende Mediziner erkennen nunmehr, wie Menschen sich selbst krank machen. Die meisten Menschen tun dies weitgehend unbewusst ... Sie wissen gar nicht, wie ihnen geschieht, wenn sie krank werden. Sie haben das Gefühl, dass sie von etwas befallen wurden, und nicht, dass sie sich selbst etwas angetan haben.

GMG I, Seite 281

Also ja, wir erschaffen (bewusst oder unbewusst) vom ersten bis zum letzten Moment unseres Lebens unseren persönlichen Gesundheitszustand. Wir erschaffen sowohl kollektiv wie individuell, wobei jede Schöpfungsebene in die Gesamterfahrung, die wir Leben nennen, hineinspielt.

Wenn Ihr Bewusstsein so hoch entwickelt ist, dass Sie sich persönlich über die sich summierenden Auswirkungen der Kollektivschöpfung der Menschheit erheben können, dann *können* Sie hinsichtlich dessen, was Sie essen, was Sie trinken, was Sie mit Ihrem Leben anstellen, ungestraft handeln. Sie werden keinen Schaden davontragen. Hier haben die Verfechter des New Age Recht. Es ist nur eine Sache des Bewusstseins.

Sehen wir uns also den Standort Ihres Bewusstseins an – nach Ihrer ganz persönlichen Einschätzung. (Nur diese zählt.)

Übung

Nehmen Sie sich fünf Minuten Zeit und füllen Sie den folgenden Fragebogen zur Selbsteinschätzung aus.

EINSCHÄTZUNG DER EIGENEN BEWUSSTSEINSEBENE

1. Ich mache die Beobachtung, dass mein spirituelles Gewahrsein und meine Bewusstseinsebene, auf einer Skala von eins bis zehn gemessen (und wohl wissend, dass diese Dinge sich von Augenblick zu Augenblick ändern), sich zumeist auf der Ebene von _____ befinden.

2. Diese Ebene reicht aus, um die negativen Auswirkungen des Kollektivbewusstseins und der Mitschöpfung meiner Mitmenschen überwinden zu können.

   ☐ *Richtig* ☐ *Unrichtig*

3. Ich glaube und weiß, dass ich – auf Grund meines gegenwärtigen Bewusstseinszustands in Bezug auf diese Dinge – jegliche negativen Auswirkungen oder schädlichen Einflüsse auf meinen physischen Organismus abwehren kann, von denen andere behaupten, dass sie das mögliche Ergebnis folgender Aktivitäten sind. *(Kreuzen Sie die Aktivitäten an, bei denen Sie sich sicher sind.)*

   ☐ Rauchen ☐ Verzehr von rotem Fleisch
   ☐ Trinken ☐ Gebrauch von Haschisch
   ☐ Gebrauch von Kokain ☐ Schnelles Fahren
   ☐ Fetthaltige Nahrung ☐ Von Gebäuden Springen
   ☐ Ungeschützter Sex mit Fremden

4. Ich bin ein Verfechter der Unsterblichkeit und weiß, dass ich die Fähigkeit habe, unbegrenzt lange und so lange, wie ich es will, in meinem gegenwärtigen physischen Körper zu leben. ☐ *Richtig* ☐ *Unrichtig*

5. Wenn ich mich künftig mit einem nicht wünschenswerten Gesundheitszustand konfrontiert sehe, wird meines Erachtens meine Bewusstseinsebene ausreichen, um eine Spontanheilung bei folgenden unten angekreuzten Fällen herbeizuführen:

   ☐ Kopfschmerzen ☐ Zahnschmerzen
   ☐ Lungenkrebs ☐ Verdauungsstörungen
   ☐ Grippe ☐ Herzinfarkt
   ☐ Leukämie ☐ Geschlechtskrankheiten
   ☐ Geschwüre ☐ Darmkrebs
   ☐ Hämorrhoiden
   ☐ Jegliche Beschwerden oder Krankheiten

6. Es gibt keinen Grund, irgendeine meiner Verhaltensweisen zu ändern, weil mein Bewusstsein meine Realität erschafft. Und in meiner Realität werde ich nie krank sein in Folge von irgendetwas, das ich esse, trinke oder tue. ☐ *Richtig* ☐ *Unrichtig*

7. Meine Erfahrungen aus der Vergangenheit unterstützen die obige Aussage. ☐ *Richtig* ☐ *Unrichtig*

Weiterführende Diskussion

Ihr Leben ändern, Ihr Leben ausdehnen

Es erfordert große Entschlusskraft, wenn man sein Leben verändern will. Die meisten von uns haben in der Vergangenheit nicht diese Bereitschaft an den Tag gelegt. Das bedeutet nicht, dass wir nicht morgen damit anfangen können. Wahr ist aber auch, dass es nicht unbedingt nötig ist.

Der obige Fragebogen zeigt Ihnen, wo sich Ihr Bewusstsein befindet, was die Gesundheit betrifft. Wenn Ihrem Gefühl nach Ihr Bewusstsein noch nicht so ausreichend hoch entwickelt ist, dass Sie mit jedem unerwünschten Gesundheitszustand oder jeder unerwünschten Folgeerscheinung fertig werden können, dann mag Ihnen die Erkundung einiger alternativer Gesundheitsmaßnahmen nützlich und in künftigen Jahren dienlich sein.

Übung

Diskutieren Sie nun in Ihrer Arbeitsgruppe diese ganze Gesundheitsfrage. Vielleicht möchten Sie die ersten paar Seiten von Kapitel 13 in GMG I (Seite 281–290) laut vorlesen. Das sollte nicht mehr als 15 Minuten in Anspruch nehmen. Wie decken sich diese Informationen mit Ihrem eigenen Glaubenssystem? Wie unterscheiden sie sich?

Welchen Einfluss, wenn überhaupt, haben Sie auf Ihre Vorstellungen von Ihrer Zukunft? Welchen Einfluss sollen Sie Ihrer Wahl nach haben?

Lesen Sie sich, wenn Sie allein arbeiten, die Seiten laut vor und beantworten Sie dann in Ihrem Journal die Fragen.

Denkpause

Aufgabe

Nehmen Sie in der kommenden Woche eine Bestandsaufnahme von Ihren gesunden (und ungesunden) Verhaltensweisen vor und verwenden Sie dabei die folgende Vorlage. Bringen Sie Ihre Ergebnisse zur Besprechung zur nächsten Arbeitsgruppensitzung mit oder fügen Sie sie in Ihr Journal ein.

Wie würden Sie im Moment Ihren gesundheitlichen Gesamtzustand beschreiben?

☐ gut ☐ leidlich ☐ nicht gut ☐ schlecht

Notieren Sie einige der Verhaltensweisen, die Sie im Verlauf einer Woche an den Tag legen. Schätzen Sie ab, ob das jeweilige Verhalten Ihrer Gesundheit zuträglich ist oder nicht und versehen Sie die Einträge dem entsprechend jeweils mit einem Z oder einem N.

Montag

Dienstag

Mittwoch

Donnerstag

Freitag

Samstag

Sonntag

ZUSAMMENFASSUNG

Ich würde die Ergebnisse wie folgt zusammenfassen:

____

____

____

Hier geht es nur ganz einfach darum, dass Sie sieben Tage lang für sich verfolgen, womit Sie Ihre physische Form nähren und was Sie mit ihr machen.

Zählen Sie am Ende der Woche Ihre Einträge zusammen und stellen Sie fest, wie viel Prozent Z- und wie viel Prozent N-Einträge Sie haben.

Berichten Sie in Ihrer Arbeitsgruppe darüber.

13.2 Unsere wahre Beziehung zu Gott

Die zweite Hälfte des Kapitels 13 in GMG I öffnet die Türen zu der wichtigsten Frage aller Zeiten. Was ist unsere wahre Beziehung zu Gott?

Seit Anbeginn der Zeit trachten die Menschen danach, mehr über diese Beziehung in Erfahrung zu bringen oder herauszufinden, ob eine solche Beziehung überhaupt existiert. Seit Jahrhunderten sind unsere Religionen bestrebt, dieses Rätsel für uns zu lösen, aber sie schafften es nur, noch mehr Rätselhaftes aufzuwerfen. Sie haben mehr Fragen als Antworten produziert, mehr Tabus als Offenbarungen, mehr Angst vor Gott als Liebe zu Gott.

Die Religion ist euer Versuch, über das Unaussprechliche zu sprechen. Das gelingt euch nicht sonderlich gut.

GMG I, Seite 292

Die meisten von uns wurden auf die eine oder andere Weise von der Religion beeinflusst, selbst dann, wenn wir nie einer Religionsgemeinschaft angehörten. Schauen wir uns nun die Erfahrungen an, die Sie mit der Religion gemacht haben.

Übung

Füllen Sie den folgenden Fragebogen aus:

____

____

____

Als Kind war meine Erfahrung mit der Religion:

____

____

____

Das führte zu folgender Vorstellung von Gott:

____

____

____

Das wiederum führte zu folgender Beziehung zu Gott:

____

____

____

Hier sind die Hauptdinge, die mich die Religion gelehrt hat:

1. ______________________________________
2. ______________________________________
3. ______________________________________
4. ______________________________________
5. ______________________________________
6. ______________________________________
7. ______________________________________

Die Offenbarungen in Kapitel 13 schaffen die Gelegenheit, eine neue Beziehung zu Gott aufzubauen. Eine Beziehung, die vielleicht besser funktioniert als die, die Sie vorher erlebt haben. Diese Beziehung gründet sich fest auf den folgenden Leitgedanken:

Leitgedanke 33
Du bist der Leib Gottes.

Diese Offenbarung verblüfft, denn die meisten von uns können sich selbst nicht so sehen. Ich empfehle hier wieder einmal, das entsprechende Material in GMG I nachzulesen. Denn damit können Sie am besten die volle Bedeutung dessen erfassen, was in diesem Teil des Dialogs übermittelt wurde.

Übung

Besprechen Sie in Ihrer Arbeitsgruppe diese ganze Frage unserer Beziehung zu Gott. Dazu können Sie die letzten Seiten von Kapitel 13 in GMG I (Seite 295–302) laut vorlesen. Das sollte etwa 15 Minuten in Anspruch nehmen. Stellen Sie sich in jedem Fall bei der anschließenden Diskussion folgende Fragen:

- Wie decken sich diese Informationen mit Ihren eigenen Glaubenssystemen? Worin unterscheiden sie sich?
- Welchen Einfluss, wenn überhaupt, haben sie auf Ihre Vorstellungen von Ihrer Beziehung zu Gott? Welchen Einfluss sollen sie Ihrer Wahl nach haben?
- Wenn Sie eine Beziehung zu Gott in jeder von Ihnen gewünschten Weise herstellen könnten, wie sähe sie aus?

Beantworten Sie, wenn Sie allein arbeiten, die obigen Fragen in Ihrem Journal, nachdem Sie die erwähnten Seiten von Kapitel 13 noch einmal gelesen haben.

Weiterführende Diskussion
Habe ich nicht gesagt, »Ihr seid Götter?«

Die größte Botschaft von *Gespräche mit Gott* ist die, dass wir alle Götter sind. Auch das ist wiederum für viele schwer zu akzeptieren. Nicht so sehr deshalb, weil es unwahrscheinlich scheint, sondern weitaus mehr wegen der Verantwortung, die es uns auferlegt, wenn es wahr ist.

Die Vorstellung, dass wir das *Opfer* eines unglücklichen Lebens sind, fällt uns sehr viel leichter als die, dass wir dessen *Schöpfer* sind.

Wir können uns nicht vorstellen, die *Urheber* der meisten Dinge zu sein, die wir um uns herum vorgehen sehen. Und vielleicht sind wir das auf individueller Ebene auch nicht. Aber in der Erweiterung – und auf Grund der letzten Logik – *erschaffen* wir das, was wir sehen. Dieser Punkt kommt in GMG immer und immer wieder zu Sprache. Und noch deutlicher wird dies in Band 2 ausgedrückt, der einen Blick auf die planetarischen Zusammenhänge, Weltereignisse und das globale Bewusstsein wirft. Die Zeit, die zwischen Ursache und Wirkung liegt, macht es uns zuweilen schwer, diese Beziehung zu erkennen. Wir wiedererkennen nicht mehr, dass wir es individuell oder durch das Kollektivbewusstsein verursacht haben.

In Wahrheit können wir uns, wenn wir uns die Welt anschauen, in keinem Ding der Verantwortung entziehen. Und wir täten besser daran, uns das nicht einmal zu wünschen. Wie in GMG gesagt wird, können wir erst dann anfangen, irgendetwas zu verändern, wenn wir die Verantwortung für alles akzeptieren und übernehmen.

Wenn wir die »Dinge, so wie sie sind«, nicht länger als Erfahrung wählen wollen, müssen wir alle daran arbeiten, sie zu verändern. Und wir müssen heute damit anfangen, denn es gibt viel zu tun. Es ist so, wie John F. Kennedy vor einem Vierteljahrhundert sagte. Wir mögen es nicht innerhalb der ersten hundert und auch nicht innerhalb der ersten tausend Jahre beendet haben, aber lasst uns anfangen.

Wenn Sie den zweiten Band von *Gespräche mit Gott* noch nicht gelesen haben, dann möchte ich Ihnen empfehlen, dies jetzt zu tun. Darin lädt Gott uns ein, in unser aller Leben eine Revolution auf sozialer, sexueller, psychologischer, philosophischer, erzieherischer, politischer, ökonomischer und theologischer Ebene zu erschaffen, wie sie dieser Planet noch nie zuvor erlebt hat. Das Buch enthält einen Entwurf für einen Paradigmenwechsel und eine Veränderung der Ordnung der Dinge; einen Entwurf, der alles umkrempeln wird – aber nicht auf den Kopf stellen.

Tatsächlich werden die Dinge dann endlich *richtig* stehen.

Sie sind eingeladen, an all dem teilzunehmen. Nicht als Zuschauer, sondern als Wegweisende. Nicht als einer oder eine von denen, die verändert worden sind, sondern als einer oder eine von denen, die verändern.

John F. Kennedys Bruder Bobby sprach diese Worte, die ich hoffentlich nie vergessen werde: »Manche Menschen sehen die Dinge, wie sie sind, und fragen: ›Warum?‹ Ich sehe die Dinge, wie sie sein könnten, und frage: ›Warum nicht?‹«

STOPP

Denkpause

Aufgabe

Fangen Sie gleich jetzt mit einem »Veränderer-Journal« an. Entscheiden Sie sich dazu, einer oder eine der Veränderer zu sein und machen Sie jeden Tag einen Eintrag in Ihr Journal. Gestalten Sie Ihre Seiten wie folgt:

Was ich heute zur Verbesserung meiner Welt getan habe:

Was ich heute zur Aufhellung meiner Welt gesagt habe:

Was ich heute für den größeren Reichtum meiner Welt mit anderen geteilt habe:

Wie ich mein Leben zur Veränderung der Welt zu nutzen beabsichtige:

Zusatzfragen
aus GMG I, Kapitel 13

1. Wie viel Prozent der Krankheiten sind selbst erschaffen, und wie viel Prozent entstehen durch Krankheitserreger und/oder Unfälle?
2. Welche Formen mentaler Aktivität verursachen den Großteil unserer Krankheiten?
3. Welche Einstellung ist für die Heilung der Körper erforderlich, wenn er erkrankt ist?
4. Zählen Sie einige Möglichkeiten zur Verhinderung von Krankheit auf.
5. Wie lange könnte der Körper existieren, wenn wir angemessen für ihn sorgten?
6. Was ist richtig: Darwins Evolutionstheorie oder die Lehre von der Weltschöpfung?
7. Worin besteht das größte Hindernis für unser Erkennen der Wahrheit?
8. Die Wiederauferstehung Jesu ist Bestandteil eines religiösen Mythos und hat sich nie wirklich ereignet. *Richtig oder unrichtig?*
9. Worin besteht das letzte Geheimnis unserer wahren Beziehung zu Gott?
10. Es gibt nichts in unserer Realität, nicht einmal den »Teufel« oder das Hundehäufchen auf der Wiese, das nicht Teil von Gott wäre. *Richtig oder unrichtig?*
11. Worin besteht die einzige Grenze für das, was wir werden können?

14

Das Gebet, das nie endet

Das vierzehnte und letzte Kapitel von GMG I beinhaltet eine knappe Zusammenfassung der noch übrig gebliebenen Fragen, die ich zu einem früheren Zeitpunkt gestellt hatte und die bis dahin noch nicht behandelt worden waren. Auf diese Fragen werden kurze Antworten gegeben. Manche von ihnen werden dann sehr viel ausführlicher in den beiden anderen Bänden der Trilogie besprochen. Vor allem das Thema Sex nimmt in Band 2 einen breiten Raum ein, und die Themen Karma, mediale Fähigkeiten, Reinkarnation und Leben auf anderen Planeten werden in Band 3 abgehandelt.

Das letzte Kapitel dieses Arbeitsbuches stellt ebenfalls eine knappe Zusammenfassung dar.

Die vielleicht eindrucksvollsten Kurzkommentare des letzten Kapitels von GMG I finden sich in den Antworten auf meine Fragen zur menschlichen Sexualität. Hier erhielt ich einen winzigen Einblick in die von einem »Lass mich dir sagen, worum es hier *wirklich* geht« geprägten Erklärungen zu diesem Thema, die mir in Band 2 gegeben wurden.

Wenn dieses letzte Kapitel von Band 1 auch nicht sehr detailliert auf das Thema Sex eingeht, so mangelt es ihm doch keineswegs an Offenheit. Gott sagt uns ziemlich unverblümt, dass wir mit dem Sex spielen sollen, dass er dazu gedacht ist, großartigen Spaß zu machen. Er ist zum *Feiern* da und etwas, das wir ohne Schamgefühl erleben sollten. Und genau so erleben ihn die meisten Angehörigen der Menschheitsfamilie nicht, wie uns explizit gesagt wird.

Ihr habt den Sex unterdrückt, wie ihr auch das Leben unterdrückt habt, statt das Selbst voll und ganz in Hingebung und Freude zum Ausdruck zu bringen.

Ihr habt aus dem Sex eine Schmach gemacht, wie ihr auch aus dem Leben eine Schmach gemacht habt; ihr habt den Sex als etwas Übles und Verderbtes bezeichnet statt als ein höchstes Geschenk und allergrößtes Vergnügen.

GMG I, Seite 308/309

Was können wir nun in dieser Sache tun? Wie können wir die Dinge ändern, wenn wir uns dazu entscheiden? Indem wir wissen:

Leitgedanke 34
Alles im Leben ist ein Gespräch mit Gott.

Gott hat nichts Schändliches oder Unanständiges erschaffen. Es ist eine Schande, dass *wir um die Schöpfungen Gottes Scham und Schmach errichtet haben.*

Wir schämen uns unserer Körper so sehr, dass wir unsere Kinder nicht einige ihrer schönsten Körperteile korrekt benennen lassen, und es würde uns nicht im Traum einfallen, sie die *unseren* sehen zu lassen.

Wir schämen uns dessen, was uns aneinander anzieht,

so sehr, dass wir jeden Teil des Körpers, den man als verführerisch bezeichnen könnte, bedecken (in den meisten Ländern ist dies gesetzlich vorgeschrieben, und in manchen Ländern muss sogar das Gesicht verhüllt werden), damit wir nicht dem, was wir aus irgendwelchen Gründen unsere niedrigsten Begierden nennen, anheim fallen.

Wir schämen uns unserer sexuellen Funktionen so sehr, dass wir sie zumeist im Dunklen ausüben mit einer Einstellung des »Pssst! Lass sie dich nicht hören!«, statt in reiner Selbstvergessenheit und mit einer Offenheit, die sie zu einer freudvollen Feier des Lebens erklären und ja, zu einem fortgesetzten Gespräch mit Gott.

Wenn Ihre Erfahrung mit Ihrer Sexualität auch nur ein wenig dieser Beschreibung gleicht, dann möchten Sie möglicherweise etwas daran ändern. Die folgende Übung könnte Ihnen helfen, sowohl Ihre gegenwärtige Einstellung zur Sexualität zu ergründen, wie auch festzustellen, ob Sie sich wirklich in ein neues sexuelles Bewusstsein, in eine neue Erfahrung von ihr und in ihr Feiern begeben wollen oder nicht.

Übung

Beantworten Sie die unten stehenden Fragen so offen und ehrlich wie Sie können. Sie brauchen Ihre Antworten anderen nicht mitzuteilen, können es aber gerne tun. Die Fragen haben mit den intimeren und persönlicheren Aspekten des Lebens zu tun. Wenn Ihnen eine Frage Unbehagen bereitet, dann beantworten Sie sie nicht.

FRAGEBOGEN ZUR SEXUALITÄT

1. Ich wurde als Kind von meinen Eltern über den Sex aufgeklärt. ☐ *Richtig* ☐ *Unrichtig*

2. Ich sah meinen Vater oder meine Mutter oft nackt. Der Anblick eines nackten Körpers war bei uns zu Hause nichts Ungewöhnliches und wurde auch nicht als ungehörig oder unanständig betrachtet.
   ☐ *Richtig* ☐ *Unrichtig*

   Es gilt auch in meinem eigenen Haushalt unter Familienangehörigen oder geliebten Personen nicht als ungehörig oder unanständig. ☐ *Richtig* ☐ *Unrichtig*

3. Die Begriffe Vagina oder Penis waren normaler Bestandteil des Wortschatzes meiner Kindheit.
   ☐ *Richtig* ☐ *Unrichtig*

4. Meine erste sexuelle Erfahrung war/wurde *(kreuzen Sie alles Zutreffende an)*
   ☐ freudvoll ☐ beängstigend ☐ zerstörerisch
   ☐ etwas, dessen ich mich schämte
   ☐ etwas, das mir gefiel und mich glücklich machte
   ☐ eine Erfahrung gegen meinen Willen
   ☐ sehr lange geheim gehalten
   ☐ offen und voller Freude anerkannt
   ☐ so, wie ich es mir immer erhofft und vorgestellt hatte
   ☐ ein Albtraum, den ich im Grunde immer noch nicht bewältigt habe

5. Gegenwärtig empfinde ich Sex als *(kreuzen Sie alles Zutreffende an)*
   - ☐ mehr oder weniger als Pflicht ☐ reine Freude
   - ☐ ein Abenteuer ☐ eigentlich ziemlich langweilig
   - ☐ nicht das, was ich wirklich gern hätte
   - ☐ richtig, so wie es ist
   - ☐ etwas, worüber ich selten mit meinen Kindern spreche
   - ☐ etwas, worüber ich offen mit meinen Kindern spreche
   - ☐ etwas, worüber mit irgendjemandem zu sprechen ich mich ein wenig geniere
   - ☐ okay, um mit fast jedermann darüber zu sprechen

6. Ich könnte mir einen Sexfilm ansehen und mich dabei total wohl fühlen. ☐ *Richtig* ☐ *Unrichtig*

   Es würde mir tatsächlich Vergnügen bereiten.
   ☐ *Richtig* ☐ *Unrichtig*

7. Ich bin der Typ, der über dem Bett an der Zimmerdecke Spiegel hat und feiere meine Sexualität mit irdischer Hingabe. Ich liebe Sex und sage das auch laut.
   ☐ *Richtig* ☐ *Unrichtig*

8. Ich würde mich jederzeit an einen Nacktbadestrand begeben. ☐ *Richtig* ☐ *Unrichtig*

9. Ich halte Nudistencamps und dergleichen für unzuträgliche Orte, die einfach nur Exhibitionisten und Voyeuren die Möglichkeit geben, sich nackt auszuziehen.
   ☐ *Richtig* ☐ *Unrichtig*

10. Ich halte außerehelichen Sex für natürlich und okay, wenn er verantwortungsbewusst genossen wird.
☐ *Richtig* ☐ *Unrichtig*

11. Wenn ich meine heutigen Erfahrungen mit meiner Sexualität irgendwie ändern könnte, dann sollten sie folgendermaßen aussehen:

____

____

____

____

12. Ich halte Sex für eine Privatangelegenheit, über die am besten nicht so offen gesprochen werden sollte. Sogar schon das Ausfüllen dieses Fragebogens bereitete mir Unbehagen. ☐ *Richtig* ☐ *Unrichtig*

Haben Sie auf diese Übung irgendwie ungewöhnlich reagiert? Was haben Sie bei der Beantwortung der Fragen empfunden? Haben Ihnen die Antworten irgendetwas über Sie selbst gesagt? Können Sie in Ihrer Arbeitsgruppe über diese Dinge sprechen? Machen Sie einen Eintrag in Ihr Journal, wenn Sie allein arbeiten.

Weiterführende Diskussion

Das Gebet ohne Ende

Ich habe meinen Zuhörern immer wieder gesagt, dass das Leben selbst ein nie endendes Gebet ist. Ich glaube, dass sich alles im Leben verändern würde und es um die Welt besser bestellt wäre, wenn mehr Menschen dies verstünden.

Alles im Leben ist ein Gespräch mit Gott – auch die Dinge, die wir mitten in der Nacht tun, sowohl in den Augenblicken unserer sinnlichsten Leidenschaft wie auch in denen unseres zärtlichsten Miteinanders.

Wenn Sie sich Gott in Ihrem Schlafzimmer anwesend vorstellen und dabei nach wie vor wohl fühlen können, im Wissen, dass Gott lacht, teilhat, sich freut, fürsorglich Anteil nimmt und *mit* Ihnen die verletzlichsten und intimsten Augenblicke Ihres Lebens erlebt, dann können Sie sich Gott auch fast in jedem anderen Kontext vorstellen. Und das ist gut, denn Gott ist in *jedem* Kontext gegenwärtig, und es ist an der Zeit, dass wir uns daran gewöhnen, ihn hier zu haben.

Nein, es geht noch um viel mehr. Wir würden davon profitieren, wenn wir es gar nicht anders haben wollten.

Betrachten Sie also, wenn Sie morgen durch Ihren Tag gehen, Ihre Gedanken, Ihre Worte und jede Ihrer Handlungen als Ihren Teil eines fortwährenden Gesprächs mit Gott. Mit und in diesem Gespräch erklären Sie, wer und was Sie sind.

Gefallen Ihnen die Erklärungen, die Sie gestern abgegeben haben? Dürsten Sie danach, heute sogar noch großartigere Erklärungen abzugeben? Begeistern Sie Ihre eigenen Vorstellungen über das Morgen? Wenn nicht, warum nicht? Wenn ja, gut für Sie. Und für uns.

Denkpause

Aufgabe

Dies ist Ihre letzte Aufgabe. Beantworten Sie irgendwann im Laufe der nächsten Woche die unten stehenden Fragen. Bereiten Sie sich darauf vor, in Ihrer nächsten Arbeitsgruppensitzung über Ihre Antworten zu sprechen. Wenn es keine »nächste Sitzung« gibt – wenn dies hier Ihre letzte Sitzung ist –, dann denken Sie in der Stille Ihres Herzens über Ihre Antworten nach. Und vielen Dank für Ihre Bereitschaft, das Material von GMG tiefergehend zu studieren. Sie können davon nur profitiert haben.

1. Was ist Ihrer Meinung nach die wichtigste Einzelbotschaft von GMG?
2. Hat dieses Buch Sie in irgendeiner Weise verändert? Wenn ja, in welcher Weise?
3. Wie sieht nun die großartigste Version der allergrößten Vision, die Sie über sich haben, aus?
4. Wie oft kommunizieren Sie auf Ihre eigene Weise mit Gott?

Zusatzfragen
aus GMG I, *Kapitel 14*

1. Wir sind nicht hier, um unsere spirituellen Lektionen zu lernen. *Richtig oder unrichtig?*
2. Das Leben bietet uns die Chance, unsere karmischen Schulden abzutragen. *Richtig oder unrichtig?*
3. Medialität ist eine Realität. Manche Leute haben »mediale« Fähigkeiten und andere nicht. *Richtig oder unrichtig?*

4. Sex ist zwar wundervoll, aber zu viele Bilder von nackten Leuten, die sich dem Sex hingeben, führt zum moralischen Verfall. *Richtig oder unrichtig?*
5. Gibt es Leben auf anderen Planeten?
6. Wann wird uns Gott verlassen? Was könnte ihn dazu veranlassen?

Zum Abschluss

Wie ich schon in der Widmung zu diesem Buch sagte, inspiriert mich Ihre Bereitschaft, sich Zeit zu nehmen, um tiefer in die Wahrheiten von GMG und alles, was dahinter steckt, einzutauchen und zu erforschen, wie sie Ihr Leben erweitern und transformieren könnten. Zwar ist die Reise zur Wiedererschaffung des Selbst fast immer spannend, aber sie ist selten leicht. Ihre Entscheidung, diese Reise anzutreten, demonstriert Ihren Mut und Ihr Engagement für das Wachstum, und sagt viel darüber aus, was und wer Sie sind.

Sollte dieses Engagement Sie dazu bringen, sogar noch nach mehr Informationen zu diesen Themen zu suchen – vor allem zu dem in Kapitel 12 besprochenen Paradigma *Sein contra Tun* –, dann empfehle ich Ihnen sehr die beiden Broschüren *Bringers of the Light* und *Recreating Yourself.* Diese beiden Publikationen konzentrieren sich jeweils auf nur einen Bereich des umfangreichen Materials, das in diesem Arbeitsbuch abgehandelt wird. Sie erläutern Ihnen Schritt für Schritt eine Herangehensweise an die Wiedererschaffung des Selbst in der großartigsten Version der allergrößten Vision, die Sie je über wer-Sie-sind hatten. So gesehen können Sie dieses Arbeitsbuch auf äußerst nützliche Weise ergänzen. Die Broschüren dienen auch der finanziellen Unterstützung unserer Arbeit und sind für

10 US$ von unserer gemeinnützigen Stiftung unter der unten folgenden Adresse zu erhalten.

Sie können ebenfalls über unsere Stiftung unseren monatlichen Newsletter abonnieren. Darin findet ein kontinuierlicher Dialog mit Lesern von GMG statt. Dieser Austausch in Form eines regelmäßigen Forums schließt einige der dringlichsten und verständigsten Fragen mit ein, die mir zum GMG-Material gestellt wurden. Außerdem enthält er die neuesten Termine meiner Workshops und Vorträge und – was für einige Leser dieses Arbeitsbuches sicher besonders von Interesse ist – eine vollständige Liste aller gegenwärtigen GMG-Arbeitsgruppen mit Angabe des Ortes und Nennung der jeweiligen Kontaktperson. Interessenten wenden sich bitte an:

Conversations with God Foundation
PMB 1150
1257 Siskiyou Blvd.
Ashland, OR 97520
USA
Telefon: 001 – 541 – 482-8806
e-mail: cwgfoundation@cwg.info
Internet: www.conversationswithgod.org

Ich möchte hier unsere Zusammenkunft nicht beenden, ohne Ihnen einen kleinen Bericht über das Dokument zu geben, das so viele von Ihnen als »Ihr Buch« bezeichneten, und Ihnen einige andere Bücher zu empfehlen, die Sie, wie ich hoffe, lesen werden. Mich hat die Reaktion auf *Gespräche mit Gott* zutiefst bewegt. Wir erhalten nun jede Woche Hunderte von Briefen aus aller Welt, in denen uns

Menschen mitteilen, dass ihr Leben durch diese Dialoge auf ganz besondere und unauslöschliche Weise berührt wurde. GMG wurde mittlerweile in siebenundzwanzig Sprachen übersetzt.

Etwas sehr Bemerkenswertes geht hier vor. Ich glaube, es ist etwas, das die Welt verändern kann, indem es zuerst die Vorstellung der Welt von Gott, und dann die Vorstellung der Welt von sich selbst verändert.

Die GMG-Trilogie lädt uns dazu ein, einer Welt zur Existenz zu verhelfen, in der mehr und mehr Menschen die Gelegenheit haben, Gottes Gegenwart zu erfahren und die praktisch unbegrenzten Chancen und Möglichkeiten des Lebens auf diesem Planeten zu erkennen und zu begreifen. Robert Theobald hat in den letzten vierzig Jahren über die Herausforderungen des 21. Jahrhunderts Bücher geschrieben. Seine Erkenntnisse und Vorschläge hat er gerade in einem kurzen und leicht lesbaren Buch zusammengefasst: *Reworking Success: New Communities at the Millennium.* Robert beschreibt darin, was seiner Überzeugung nach zur Jahrhundertwende geschehen muss, wenn wir uns in eine positive Richtung bewegen wollen. Ich möchte Sie ganz persönlich dazu einladen, Ihre Aufmerksamkeit diesem Mann und seinen Erkenntnissen zu schenken – ich fand beide außergewöhnlich.

Ein weiteres Buch, das ich Ihnen ans Herz legen möchte, ist *The Healing of America* von der wunderbaren Marianne Williamson. Sie ist eine der Botinnen der Engel, uns geschickt, uns aufzuwecken.

Wie ich schon oft in meinen eigenen Büchern und bei meinen Vorträgen sagte, glaube ich, dass die wunderbarsten Tage auf diesem Planeten noch vor uns liegen. Wenn sich das als richtig herausstellen sollte, dann wird es wegen Ihnen und Tausenden von anderen Menschen wie Sie sein, die so viel Wertvolles im Material von GMG gefunden haben, dass sie sich dazu entschlossen haben, es mit anderen zu teilen und in ihrem Alltagsleben anzuwenden.

Wir gehen einen Weg der Annäherung und es ist gut, Sie als Weggefährten zu haben.

In Liebe und großer Hoffnung
Für unser Morgen

Neale Donald Walsch
Ashland, Oregon
April 1997

Antworten auf die »Zusatzfragen«

Hinter jeder Antwort sind die Seitenzahlen in GMG I angegeben, auf denen Sie das jeweilige Thema und weitere Informationen dazu finden können.

Kapitel 1

1. Gedanken, Gefühle, Erfahrungen und Worte. (21)
2. Gottes Antwort ist immer Ihr erhabenster Gedanke, Ihr klarstes Wort, Ihr edelstes Gefühl. (22)
3. Manche Menschen hören zu und andere nicht. (26)
4. Weil die Bitte um etwas eine Aussage ist, dass Sie das, was Sie erbitten, jetzt nicht haben. Da Ihren Worten entsprochen wird, wird diese Aussage zu Ihrer Realität. (31)
5. Weil Gedanken Gebete sind, und oft auf Ihren stiftenden Gedanken »geantwortet« wird. Wenn Ihr stiftender Gedanke im Gegensatz zu Ihrem momentanen Wunsch steht, wird es den Anschein haben, dass Gott Ihr Gebet nicht erhört. (33)
6. Unrichtig. Gott erschafft nicht. Sie erschaffen. (34)
7. Dass Gott sich darum kümmert, was wir tun; dass das Endresultat des Lebens zweifelhaft ist. (34–35)
8. Liebe und Angst. (37, 41–43)
9. Es ist der Gedanke hinter dem Gedanken hinter dem Gedanken. (38)

10. Sie möchte ihren großartigsten Begriff von sich selbst in ihre großartigste Erfahrung verwandeln. (47)
11. Damit wir etwas haben, mit dem wir uns vergleichen und so erkennen können, wer-wir-wirklich-sind. (47–53)
12. Wir können uns nicht als groß gewachsen erkennen, solange uns nicht bewusst ist, dass es auch die Kleinwüchsigkeit gibt. Wir können uns nicht als dick erfahren, solange wir nicht auch das Dünne kennen. Im Reich des Relativen kann alles nur im Raum seines Gegensatzes existieren. Alles existiert in Relation zu etwas anderem. (54–56, 60)
13. Gott der Vater ist *wissend,* Gott der Sohn ist *erfahrend,* Gott der Heilige Geist ist *seiend.* (58)
14. Wissend, erfahrend, seiend. (58)
15. Grobe Ebene: Alles hat einen Gegensatz, ein Gegenteil; sublime Ebene: Nichts hat ein Gegenteil. (60)
16. Damit sie sich selbst als das Licht erfahren konnte. (63–64)
17. Als eine Aussage gegenüber dem Universum darüber, wer-wir-sind. (67)
18. Keines von beiden. Sie sind das Ergebnis des Kollektivbewusstseins. (68)
19. Was immer wir diesbezüglich unternehmen wollen. Aber richte und verdamme nicht. (70)
20. Unerfülltsein; das Wissen über wer-und-was-du-bist und das Scheitern, dies zu erfahren. (73)
21. Nein. (73–76)
22. Weil er damit ein heiliges Gesetz des Universums übertreten hätte, das besagt: Lass jede Seele ihren Weg gehen. (81–83)

23. Angst ist eine Emotion; Emotion ist Energie in Bewegung; gleich geartete Energien ziehen sich an. (92–93)
24. Der Gedanke ist schöpferisch; Furcht zieht gleich geartete Energie an; Liebe ist alles, was es gibt. (90)

Kapitel 2

1. Gott hat kein Geschlecht, ist weder männlich noch weiblich. (101)
2. Nichts. (102–103)
3. Nichts. (102)
4. Das, was wir das Böse nennen. (103)
5. Dass wir uns auf Grund der Erfahrung anderer erlauben, das zu werden, was wir sind. (105)
6. Gott verlangt überhaupt nicht danach. (107)
7. Verlangen. (108)
8. Freudig, liebend, akzeptierend, segnend, dankbar. (109)
9. An ihnen festhalten, solange sie uns dienlich sind. Doch nachschauen, ob sie die höchste und beste Vorstellung von uns in unseren Erfahrungsraum einbringen. (109)
10. Unrichtig. (111)

Kapitel 3

1. Dass wir um das bitten, was wir bekommen wollen, und den Prozess des Bittens und der Entsprechung der Bitte verstehen. (119)
2. Gedanke, Wort und Handlung. (121)
3. Es uns zu ermöglichen, voll und ganz zu erfahren, wer-wir-sind (der Schöpfer), indem wir uns selbst aufs Neue erschaffen. Das wäre ohne Vergessen nicht möglich. (121–122)

4. Er erfährt uns durch uns. (122 und auch 156)
5. Erstens müssen Sie die Wahl treffen, dass Ihr Leben »abheben« soll, indem Sie das Versprechen Gottes glauben und leben, dass Sie Gottes gleichgestellter Partner sind. Akzeptieren Sie zweitens, dass Ihre Welt das Ergebnis Ihrer Vorstellung von ihr ist. Denken, sprechen und handeln Sie drittens als der Gott, der Sie sind. (121–123)
6. Ihr Leben wird Ihnen mehr Schönheit, Trost, Frieden, Freude und Liebe zu sich selbst und anderen bieten. (123)
7. Stellen Sie sich Ihr Leben so vor, wie es Ihrem Wunsch nach sein soll. Gehen Sie sicher, dass sich jeder Ihrer Gedanken, jedes Ihrer Worte und jede Ihrer Handlungen in Übereinstimmung mit diesem Wunsch befinden. Entfernen Sie sich von allen Gedanken, Worten und Taten, die nicht in Einklang damit stehen. (124–126)
8. ... wir aufhören, Werturteile abzugeben; aufhören, eine Sache als »gut« oder »schlecht« zu bezeichnen. Sodann zur Kenntnis nehmen, dass alle Zustände vorübergehender Natur sind. Nichts bleibt, wie es ist, nichts ist statisch. Wie sich etwas verändert, hängt von uns ab. (128)
9. Das Verlangen der Seele ist die Erfahrung des höchsten Gefühls von Liebe. (137–138)
10. Unrichtig. Die Seele muss, um die vollkommene Liebe zu erfahren, jedes menschliche Gefühl erleben. (134)
11. Es verlängert die Reise hin zur Wiedererweckung. (137–138)
12. Unrichtig. Wir sind gut und wir sind göttlich, und dies zu akzeptieren ist der kürzeste Weg. (138–139)

Kapitel 4

1. Auf keine Weise. Unsere Rückkehr zu Gott ist garantiert. (141)
2. Weil das Leben kein Entdeckungs-, sondern ein Schöpfungsprozess ist. (143–144)
3. Gedanke, Wort und Tat. (144)
4. Der Ort des Wissens ist der Ort der Dankbarkeit. (145)
5. Weil eine Verurteilung eine Verurteilung Ihrer selbst bedeutet, da Sie sie erschaffen haben. (145)
6. Weil wir unbewusst agieren – das heißt, uns nicht dessen bewusst sind, dass unsere Gedanken unsere Realität erschaffen. (146)
7. Denken Sie über das nach, worüber Sie nachdenken. Überwachen und überprüfen Sie ständig Ihre Gedanken. Werfen Sie alle raus, die Sie nicht haben wollen. (146–148)

Kapitel 5

1. Es gibt nicht den einen wahren Weg zu Gott. Alle Wege führen zum gleichen Ziel. (149–150)
2. Sie (die Zehn Gebote) sind Gottes Hinweise darauf, wie wir wissen können, dass wir den Weg zu Gott gefunden haben. In ihnen verkündet Gott, wie wir handeln werden, wenn wir wieder eins mit Gott geworden sind. (151–154)
3. Der Himmel ist überall, was heißt, der Himmel ist nirgendwo im Besonderen – was heißt, der Himmel ist hier und jetzt. (155)
4. Wir können nicht erfahren, was wir nicht wissen – und wir wissen nicht, was wir noch nicht erfahren haben. (156)

5. Unrichtig. Ihnen nicht zu folgen, könnte zu einer Barriere werden. (159)
6. Erwartung. (160)
7. Weil wir, wenn wir uns einer Sache widersetzen, deren illusorischer Form Realität verleihen. Und das Ding, dem wir uns widersetzen, bleibt bestehen. (161)
8. Es geht darum, zu erschaffen, wer und was wir sind, und dies dann zu erfahren. (164)

Kapitel 6

1. Er hat es uns ermöglicht. Wir benutzen nur nicht die uns gegebenen Mittel. (165)
2. Wir können in der Abwesenheit dessen, was wir nicht sind, nicht erkennen und werden, was wir sind. (168)
3. Unsere Aburteilungen. (169)
4. Indem wir sie leben und zusehen, ob sie funktionieren. (170)

Kapitel 7

1. Es ist der Prozess der bewussten Schöpfung – Schöpfung mit einer Absicht, einem Zweck –, der Augenblick um Augenblick unternommen wird. (174)
2. Indem wir ihnen die Mittel an die Hand geben, unabhängig zu werden. (177)
3. Unrichtig. Wahre Meister haben die wenigsten Schüler, weil sie diese alle in Meister verwandelt haben. Nur unechte Meister halten Schüler in ihrem Schülerdasein unterjocht. (177)
4. c) (182)
5. Keine. Gott befähigt uns nur einfach herbeizubeschwören, was immer wir wählen. (183)

6. b) (183)
7. Indem wir immer wieder GMG lesen, bis die darin enthaltenen Weisheiten die falschen Lehren in unserem Kopf ersetzt haben. (186)

Kapitel 8

1. Uns die Gelegenheit zu geben, zu erschaffen, zu erkennen und zu erfahren, wer wir wirklich sind. (188–189)
2. Die meisten in einer Paarbeziehung lebenden Menschen befassen sich damit, was der andere denkt, tut und hat, statt mit dem, was sie in Beziehung dazu sind. (191)
3. Unrichtig. (192–193)
4. Unrichtig. (191–193)
5. c) (191–193)
6. Ehrlich zuzugeben, wie wir uns fühlen. Die Wahrheit zu sagen. Sich nicht zu »verstecken«. (197)
7. Richtig. (197–198)
8. Ihr Körper. (200)
9. Ihre Seele. (200)
10. Liebe. (200)
11. a) (130)
12. Zu entscheiden, was Sie in diesem Augenblick zu tun versuchen und was der Sinn und Zweck Ihres Lebens, was Ihr Lebensziel ist. (203)
13. Unter Umständen, wenn man einem Despoten Einhalt gebieten will. (204)
14. Natürlich. Ohne das, was wir als das Böse definieren, kann das, was wir das Gute nennen, nicht existieren. (206)
15. Es gibt keine. (208)

16. Unrichtig. (209)
17. Unrichtig. (212–213)
18. Siehe Seite 216.

Kapitel 9

1. Richtig. (228)
2. Nein. Doch wenn Sie mit dem höchsten moralischen Gesetz, das die Menschen entwickelt haben, einverstanden sind, werden Sie es immer tun. (230)
3. Unsere eigene Autorität. (233)
4. In diesen Dingen gibt es keine richtige oder falsche Antwort. (234)
5. Unrichtig. (236)
6. Es gibt nichts anderes zu tun! (237)
7. Das Leben hat keinen Sinn und Zweck außer dem, den wir ihm geben. (238–239)
8. Nein. Tatsächlich ist es ein Zeichen für Ihre evolutionäre Entwicklung. (239)

Kapitel 10

1. Kapitel 10 ist die Antwort auf alles.

Kapitel 11

1. Die Überzeugung, dass Geld etwas »Schlechtes« ist; den Dingen, die wir als »gut« bezeichnen, zu wenig Wert beimessen; der Glaube an den Mangel oder daran, dass »nicht genug da ist«. (246)
2. Vollführen Sie die Tat, die der neue Gedanke Ihrem Willen nach beinhalten soll. Sprechen Sie die Worte, die der neue Gedanke Ihrem Willen nach beinhalten soll. (249)

3. Von der Erfahrung anderer. (250)
4. Unrichtig. Sie bezieht ihre Freude aus unserer Freiheit, nicht aus unserer Willfährigkeit. (252)

Kapitel 12

1. »Tun« ist eine Funktion des Körpers; »Sein« ist eine Funktion der Seele. (257)
2. Richtig. (258)
3. Unrichtig. (262–263)
4. Die Seele führt uns zur Gelegenheit, das zu erfahren, was wir erfahren wollen, der Geist wählt entweder diese oder eine andere Erfahrung, und der Körper agiert die getroffene Wahl aus. (262–264)
5. Unrichtig. Gehorsam kann niemals Erlösung bewirken. (264)
6. Wenn Körper, Geist und Seele in harmonischem Einklang agieren. (264)
7. Unrichtig. Allein schon der Akt des Wollens schiebt das, was wir haben wollen, von uns weg, bewirkt, dass es uns daran mangelt. (266)
8. Dankbarkeit. (271)
9. Unrichtig. Wir geben den Körper nicht auf. Der Körper verwandelt seine Form, und wir nehmen alles außer dessen dichtesten Teil mit. (273)
10. Der Seele. (274)
11. Unrichtig. Gott richtet *nie* über uns. (275–276)
12. Nichts. (280)
13. Unrichtig. (279–280)

Kapitel 13

1. Alle Krankheit ist selbst erschaffen. (281)
2. Sorge, Hass und Angst. (282–283)
3. Glaube oder »absolutes Wissen«. (284)
4. Die Veränderung unseres Denkens weg von der Angst hin zur Liebe; eine bessere Fürsorge für unseren Körper durch Körperertüchtigung, vernünftige Ernährung und keine Aufnahme von giftigen Substanzen wie Drogen und Alkohol. (285)
5. Für alle Zeiten. (290)
6. Beides. (293)
7. Unsere Vorstellung, dass wir sie bereits kennen. (293)
8. Unrichtig. Sie hat sich ereignet. (294)
9. Wir sind der Leib Gottes. (295)
10. Richtig. (300)
11. Es gibt keine Grenze. (301)

Kapitel 14

1. Richtig. (303)
2. Unrichtig. Wir haben keine Schulden dieser Art. (304–305)
3. Unrichtig. Es gibt keine Menschen, die nicht über mediale Fähigkeiten verfügen. (305)
4. Richtig oder unrichtig. Was immer Sie sagen. Bilder von nackten Leuten, die sich dem Sex hingeben, sind einfach Bilder von nackten Leuten, die sich dem Sex hingeben. Sie entscheiden, was sie für Sie bedeuten und ob sie für Sie »okay« oder »nicht okay« sind. (Zum Thema Sex 308–310)
5. Natürlich. (310–311)
6. Niemals. Nichts. (314)